O Tempo é Totalmente Esquisito
A Natureza Estranha do Tempo
David E. McAdams

Copyright © 2025 David E. McAdams. Todos os direitos reservados. Nenhuma parte deste documento pode ser copiada, armazenada ou transmitida por qualquer meio sem o consentimento expresso e por escrito do autor.

Índice

Capítulo 1 – O que é o Tempo?..1
A Natureza do Tempo...2
   Direção do Tempo...2
   O Tempo Nunca Pára..2
   Velocidade do Tempo...3
O Tempo Parece Ser Contínuo...3
Tempo Quântico: o Tempo Pode Ser Discreto...............................4
O Tempo Simplesmente Existe, ou é Causado por Algo?...............5
O Tempo Parece Infinito..5
O Tempo Tem um Começo ou um Fim?.......................................6

Capítulo 2 – Como Medimos o Tempo?..7
A História da Medição do Tempo...7
   Porque 60 Segundos? Porque 60 Minutos? Porque 24 Horas?.......9
Como os Cientistas Definem o Tempo.......................................10
Calendários..11
   Segundos Bissextos..12
Hora do Dia...13
   Antes da Invenção dos Relógios Mecânicos..........................14
Relógios Mecânicos..20
   Relógios de Pêndulo: Um Salto Gigante...............................21
   Relógios de Mola: o Tempo Torna-se Portátil.......................21
   Relógios Elétricos: O Tempo Ganha Energia........................22
   Relógios de Quartzo: Uma Revolução de Cristal...................22
   Relógios Atómicos: os Mestres do Tempo............................22

Capítulo 3 – O Tempo Fica Ainda Mais Esquisito............................23
O Tempo é Relativo..23
   A Experiência de Hafele–Keating (1971).............................24
   Gravidade e Tempo: Relógios em Montanhas......................24
   A Observar Múons...25
   Porque o Tempo é Relativo...25
Como Funciona o GPS..27
O Tempo Pode Dobrar e Esticar...30
   O Tempo Dobra Quando Te Moves Muito Depressa.............31
   O Que Significa o Tempo Esticar-se?..................................31
   Porque é que o Tempo se Estica a Altas Velocidades?..........32
   Consequências do Esticar do Tempo....................................32
   O Tempo Dobra Quando a Gravidade é Forte......................33
   Conclusão...34
O Tempo é Apenas Parte de uma Simulação?............................34
O Tempo Não Pode Ser Desfeito..35

    Entropia e a Seta do Tempo..36
Novas Teorias Científicas Sobre Reverter o Tempo........................36
Causa e Efeito Estão Ligados ao Tempo.......................................37
    O Que São Causa e Efeito?...38
    Porque é que o Tempo é Importante para Causa e Efeito............38
    O Que Acontece no Estranho Mundo da Física Quântica?..........38
    Conclusão..39
Tempo Cíclico...39
    Crenças Antigas Sobre o Tempo Cíclico................................39
    Exemplos Naturais de Tempo Cíclico....................................40
    Ideias Científicas Modernas Sobre Tempo Cíclico...................40
    Conclusão..41
Tempo em Bloco: O Universo Está Congelado?............................41
Como Relógios Muito Precisos Podem Distorcer o Tempo.............42
Tempo Imaginário...44
    Como o Tempo Imaginário é Diferente?...............................44
    Porque é que os Cientistas Usam Tempo Imaginário?..............44
    O Tempo Imaginário é Real?...45
    Conclusão..45
O Tempo é Real?..45

Capítulo 4 – Perceção do Tempo..46
Como é que o Cérebro Mede o Tempo?..47
Porque é que o Tempo às Vezes Parece Diferente?........................47
Como é que os Cientistas Estudam a Perceção do Tempo?.............48
    Truques Especiais da Mente..49
Conclusão...49

Capítulo 5 – Viagem no Tempo...50
Pensamento Científico sobre Viagem no Tempo...........................50
Cordas Cósmicas: Fios do Universo Primordial............................52
Filmes que Mostram Viagens no Tempo......................................53
    Back to the Future (1985):..53
    Interstellar (2014):...54
    The Adam Project (2022):..55
O Paradoxo da Viagem no Tempo..55
Viagem no Tempo com Telescópios...56
Conclusão...56

Capítulo 6 – Pensamentos Estranhos sobre o Tempo................57
O Futuro Já Existe?..57
Viver em Espaço-Tempo...57
E se Vivêssemos num Espaço sem Tempo?..................................58
E se Vivêssemos no Tempo sem Espaço?.....................................59
E se Vivêssemos sem Espaço nem Tempo?..................................59

Atividades de Aprendizagem..**60**
   Experiências Mentais..60
      Atividade do Tempo dos Gémeos..60
      Atividade do Tempo em Bloco...62
      Atividade Sem Espaço, Sem Tempo...63
      Atividade do Tempo ao Contrário...65
      Atividade do Tempo em Pausa..66
      Atividade do Tempo Discreto..69
   Experiências Simples...70
      Atividade do Relógio de Pau...70
      Atividade do Relógio de Sol..72
      Atividade da Ampulheta..73
      Atividade do Relógio de Vela..75
      Atividade do Relógio de Água...77
      Explora a Tua Perceção do Tempo..78
   Atividades Criativas...80
      Desenhar o Tempo...80
      Inventar um Novo Relógio..80
      Cápsula do Tempo..80
      Dia Simulado..80
Apêndice..**80**
   Medidas de Tempo...80
   Frases Sobre o Tempo..85
   Adivinhas Sobre o Tempo..86
   Piadas Sobre o Tempo..87
Glossário...**89**

Capítulo 1 – O que é o Tempo?

Imagina que estás de pé dentro de um túnel comprido. As paredes do túnel mostram os acontecimentos do teu dia a dia. Quando olhas para a frente, tudo parece desfocado e escuro, e quanto mais longe tentas ver, mais turvo e escuro fica. Ao teu lado, as coisas estão claras e fáceis de ver. Quando olhas para trás, tudo vai desaparecendo devagar em sombras acinzentadas. Este túnel é como o tempo.

Ilustração 1: O tempo como um túnel

Às vezes conseguimos prever o que vai acontecer um bocadinho no futuro, mas quanto mais tentamos olhar para diante, mais difícil é ter certeza. Também conseguimos lembrar-nos do passado, mas, à medida que o tempo passa, as nossas memórias ficam menos nítidas.

Então, o que é o tempo? **O tempo é o fluxo que nos leva do passado, através do presente, até ao futuro.** Vivemos dentro do tempo, mas não o podemos ver. Sabemos que o tempo existe porque sentimos os acontecimentos a acontecerem um depois do outro. Lembramo-nos do que já aconteceu, vivemos o que está a acontecer agora e imaginamos o que pode vir a seguir.

Ilustração 2: Direções no espaço

Vivemos tanto no espaço como no tempo. O espaço tem três dimensões: para a frente e para trás, para a esquerda e para a direita, para cima e para baixo. O tempo acrescenta uma quarta dimensão: o caminho que vai do passado para o futuro.

A Natureza do Tempo

Direção do Tempo

Uma diferença importante entre o espaço e o tempo é que o espaço é **omnidirecional** (vai em todas as direções) e o tempo é **unidirecional** (vai só numa direção).

Quando dizemos que o espaço é omnidirecional, estamos a dizer que podemos ir para qualquer lado. Podemos ir para a frente ou para trás, para a esquerda ou para a direita, para cima ou para baixo. Podemos até ir um pouco para a esquerda da frente e para baixo ao mesmo tempo. Mas o tempo é unidirecional. Só conseguimos avançar no tempo. *Experimenta a Atividade do Tempo ao Contrário na página 65.*

Ilustração 3: O tempo é unidirecional

O Tempo Nunca Pára

No espaço, podemos ficar completamente parados. Mas não podemos parar o tempo. O tempo continua a avançar, quer gostemos disso ou não. Não temos escolha a não ser seguir com o tempo em direção ao futuro.

Experimenta isto: diz "Tudo o que vem antes de agora está no passado." Mas, assim que dizes "agora", esse "agora" já está no passado. Podes repetir "Tudo o que vem antes de agora está no passado." (dando ênfase a "agora") vezes sem conta, mas todas as vezes que dizes

Ilustração 4: O tempo não pode ser parado

"agora", ele já ficou para trás. *Experimenta a Atividade do Tempo em Pausa na página 66.*

Velocidade do Tempo

Às vezes parece que o tempo se arrasta devagarinho ou passa a correr, mas isso é a nossa perceção do tempo, não a natureza do tempo em si. Não temos escolha sobre a velocidade com que nos movemos através do tempo. No espaço, podemos escolher quão rápido nos movemos, em que direção vamos e até se nos movemos ou ficamos parados. O tempo, porém, avança sempre ao mesmo ritmo, aconteça o que acontecer. Não importa o que façamos, o tempo continua a andar à sua velocidade e nunca espera por nós. *Experimenta a atividade Explora a Tua Perceção do Tempo na página 78.*

Ilustração 5: A velocidade do tempo

O Tempo Parece Ser Contínuo

Muitos cientistas acreditam que o espaço e o tempo formam um **contínuo**. Isto significa que, à medida que passamos de um momento para o outro, a mudança acontece de forma suave, e não aos "saltinhos". Se o tempo realmente avançar em pequenos saltos, esses saltos são tão minúsculos que não conseguimos detetá-los.

Podemos comparar esta ideia com o modo como um filme funciona. Um filme é feito de muitas imagens paradas mostradas muito depressa, uma depois da outra. O nosso cérebro mistura essas imagens, fazendo com que a ação pareça suave e contínua.

Na realidade, as imagens, chamadas de fotogramas, têm pequeníssimos intervalos entre elas. A isto chamamos fluxo discreto. O tempo, no entanto, parece-nos um fluxo contínuo de acontecimentos, sem qualquer intervalo entre eles.

Tempo Quântico: o Tempo Pode Ser Discreto

Para entender a ideia de **tempo quântico**, primeiro temos de falar sobre o **mundo quântico**. O "mundo quântico" é o mundo em que vivemos, mas visto numa escala extremamente pequena, onde existem as partículas mais minúsculas de matéria e energia. Nessa escala, o tempo não se comporta da forma familiar que nós experimentamos. Ele não flui como um rio calmo, com um começo e um fim bem claros. Em vez disso, no mundo quântico o tempo pode comportar-se mais como uma série de micro-relâmpagos, parecidos com o piscar de uma luz estroboscópica. *Experimenta a Atividade do Tempo Discreto na página 69.*

Muitos cientistas propõem que, no mundo quântico, o tempo só aparece quando as partículas mais pequenas ficam emaranhadas umas com as outras. O emaranhamento acontece quando duas partículas ficam ligadas de tal forma que o comportamento de uma afeta imediatamente a outra, mesmo que estejam muito distantes. Isto desafia a ideia clássica de que a causa tem sempre de vir antes do efeito de uma maneira clara e fácil de medir.

No mundo quântico, as partículas parecem dançar para dentro e para fora da existência. Os cientistas acreditam que, nessa escala, o tempo não avança em segundos certinhos e bem comportados. Em vez disso, os acontecimentos podem ocorrer num tipo de borrão, em que é difícil dizer o que veio primeiro e o que veio depois.

Algumas interpretações da mecânica quântica sugerem que partículas muito pequenas podem não ter uma única história bem definida. Em vez disso, podem existir muitas possibilidades ao mesmo tempo. Uma partícula quântica pode até existir em múltiplas linhas temporais, criando universos diferentes onde coisas diferentes estão a acontecer.

O emaranhamento torna a natureza do tempo ainda mais estranha. Imagina um jogo de futebol, mas numa escala microscópica. Uma bola está a voar pelo ar. Será que um pé a chutar a bola fez com que ela voasse? Ou foi a bola a voar que fez o pé chutar? Ou as duas coisas aconteceram ao mesmo tempo, por razões que ainda não compreendemos, ou talvez sem razão nenhuma? No mundo quântico, a ideia de "quando" algo acontece torna-se muito difícil de agarrar.

O Tempo Simplesmente Existe, ou é Causado por Algo?

Os cientistas ainda estão a investigar se o tempo existe por si só ou se é criado por outra coisa. Alguns físicos acreditam que, tal como nós o sentimos, o tempo pode não ser aquilo que realmente organiza os acontecimentos em ordem. Em vez disso, sugerem que são as interações entre as partículas minúsculas, os blocos de construção de tudo, que criam o fluxo do tempo.

Nesta maneira de pensar, o tempo não é como uma folha em branco onde os acontecimentos são desenhados direitinho, um depois do outro. Em vez disso, o tempo é mais como o próprio desenho, que se vai formando devagarinho à medida que o universo muda e evolui. Cada acontecimento novo, cada movimento, cada mudança acrescenta uma nova linha ou forma ao desenho.

Se esta ideia estiver certa, então o tempo não é algo que simplesmente existe à nossa volta, como um palco ou um recipiente. É algo que cresce e se desenrola juntamente com todo o resto do universo.

O Tempo Parece Infinito

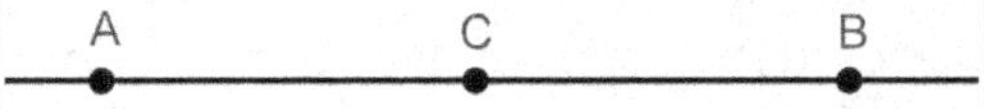

O tempo parece continuar para sempre, ser infinito. Se escolheres dois pontos no tempo, haverá sempre outro ponto entre eles. (Vê a Ilustração 7.) Por exemplo, se tens os pontos A e B, há sempre um ponto C algures entre eles.

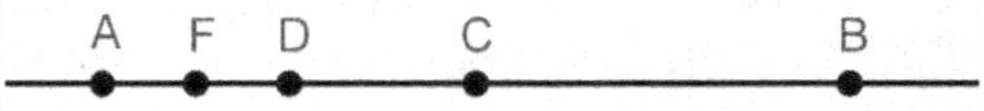

Ilustração 6: Pontos no tempo

Ilustração 7: Mais pontos no tempo

Agora, se fizeres zoom entre os pontos A e C, vais descobrir que ainda há outro ponto entre eles. Vamos chamar a esse novo ponto D. Se fizeres zoom outra vez entre A e D, vais encontrar mais um ponto, que podemos chamar F.

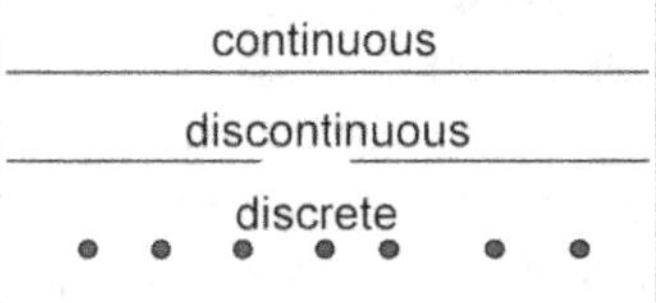

Ilustração 8: Ainda mais pontos

Quando há sempre outro ponto entre quaisquer dois pontos, dizemos que algo é contínuo. Se houver um espaço vazio entre

Ilustração 9: Contínuo, descontínuo, discreto

dois pontos, chamamos-lhe descontínuo. Se houver sempre um intervalo entre cada par de pontos, chamamos-lhe discreto.

O Tempo Tem um Começo ou um Fim?

Os cientistas há muito que se perguntam se o próprio tempo tem um começo ou um fim. É um dos maiores mistérios que enfrentamos, como estar à beira de um oceano imenso e tentar ver se existe uma outra margem muito longe, para lá do horizonte.

A maioria dos cientistas acredita que o tempo, tal como nós o conhecemos, começou há cerca de 13,8 mil milhões de anos com o Big Bang. Imagina um balão ainda vazio, todo encolhido. O momento do Big Bang foi como o primeiro sopro de ar dentro do balão, esticando o espaço e o tempo ao mesmo tempo. Antes desse instante, pode não ter havido relógio a fazer tique-taque, nem rio de segundos a correr, nada que pudéssemos reconhecer como tempo.

Ilustração 10: Conceito artístico do Big Bang

Se existiu tempo antes do Big Bang, a ciência atualmente não tem maneira de saber. Telescópios como o Hubble conseguem observar coisas muito distantes. Como a luz demora tempo a viajar desde tão longe, é como espreitar para o passado. Os astrónomos estão a conseguir formar uma imagem cada vez melhor de como era o universo jovem. No entanto, não há maneira de ver para lá do Big Bang. Não há provas de como o universo era antes do Big Bang, nem sequer se o universo existia antes do Big Bang.

Mas e quanto ao fim do tempo? Alguns cientistas pensam que o tempo pode ser como uma vela: arde de forma constante durante algum tempo, mas um dia acaba por se apagar. Se o universo continuar a expandir-se para sempre, as galáxias afastar-se-ão umas das outras como navios solitários num mar escuro e

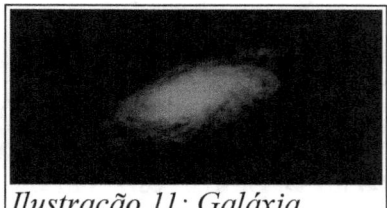
Ilustração 11: Galáxia morta no fim do tempo

sem fim, as estrelas irão apagar-se e o universo poderá tornar-se frio e silencioso. Num futuro assim, chamado de "Morte Térmica", o tempo pode perder o seu significado porque já não aconteceria nada: sem luz, sem calor, sem vida para marcar os instantes.

Outras ideias sugerem que o tempo pode desabar sobre si mesmo. Se a gravidade algum dia vencer a expansão do universo, pode ser como um carvalho gigante a dobrar-se sob o próprio peso até cair. O universo poderia encolher num "Grande Colapso" (Big Crunch), trazendo o tempo a um fim estrondoso, tão definitivo quanto o momento em que começou.

Ainda há cientistas que se perguntam se o tempo pode ser um ciclo, a torcer-se sobre si próprio como uma serpente a morder a própria cauda. Nesta visão, o fim de um universo poderia acender o início de outro, com o tempo a começar de novo. Imagina um ioiô. Atiras o ioiô para a frente e ele volta a voar na tua direção. E podes lançá-lo outra vez.

A verdade é que ainda não sabemos. E talvez nunca venhamos a saber. O tempo é como um grande livro que estamos a ler uma página de cada vez, mas ainda não conseguimos espreitar mais à frente para ver como a história termina, ou se termina mesmo.

A partir daqui, o tempo começa a ficar ainda mais estranho. Mas, antes disso, vamos explorar como é que medimos o tempo.

Capítulo 2 – Como Medimos o Tempo?

A História da Medição do Tempo

Nos primórdios da civilização humana, as pessoas mediam o tempo observando acontecimentos que todos podiam ver. Dava para perceber que um ano tinha passado ao ver as estações mudarem. Essas estações mudam porque a Terra está inclinada enquanto viaja na sua órbita à volta do Sol.

Quando a parte da Terra onde vivemos (o nosso hemisfério) se inclina para longe do Sol, é inverno. Quando o nosso hemisfério se inclina na direção do Sol, é verão. Inverno, primavera, verão e outono acontecem uma vez a cada ano.

Outras pessoas marcavam o tempo observando a Lua: o tempo de uma lua nova até à lua nova seguinte. Lua nova é quando a parte da Lua que conseguimos ver não está iluminada pelo Sol. Esse intervalo de tempo é chamado de mês lunar.

À medida que o conhecimento humano cresceu, os primeiros astrónomos começaram a fazer observações mais cuidadosas. Notaram que o comprimento dos dias seguia um padrão regular. Definiram quatro pontos-chave no ano que podiam ser medidos: o **solstício de inverno**, o **solstício de verão**, o **equinócio de primavera** e o **equinócio de outono**.

Ilustração 12: Inclinação da Terra

O solstício de inverno é o dia mais curto do ano, enquanto o solstício de verão é o mais longo. O equinócio de primavera é o dia da primavera em que o dia e a noite estão mais próximos de ter a mesma duração, e o equinócio de outono marca esse mesmo equilíbrio no outono. Os antigos astrónomos definiram um ano como o tempo que leva para ir de um solstício ou equinócio até ao mesmo ponto outra vez, por exemplo, de um solstício de inverno até ao solstício de inverno seguinte.

Medimos o tempo observando mudanças à nossa volta. Por exemplo, um dia é o tempo entre um pôr do sol e o pôr do sol seguinte. Esse intervalo marca o tempo que o Sol leva para voltar à mesma posição no céu.

Os antigos egípcios foram os primeiros a dividir o dia em 24 horas. No entanto, embora muitas vezes pensemos num dia como tendo exatamente 24 horas, ele não é perfeitamente assim. Isto acontece por causa dos movimentos complexos da Terra. Enquanto a Terra gira, ela também avança na sua órbita à volta do Sol. Esse avanço faz com que, depois de completar uma volta inteira em relação às estrelas distantes, a Terra precise girar um bocadinho mais para que o Sol apareça na mesma posição no céu de um dia para o outro.

Se a Terra não se movesse na sua órbita, uma rotação completa levaria cerca de 23 horas, 56 minutos e 4 segundos. Isto é chamado de **dia sideral**, medido pela posição das estrelas distantes. Mas, como a Terra avança cerca de um grau na sua órbita todos os dias, são necessários cerca de quatro minutos extra de rotação para o Sol voltar ao mesmo ponto no céu. Isso faz com que o **dia solar**, o tipo de dia que usamos com os nossos relógios, dure perto de 24 horas.

Mesmo assim, o comprimento do dia solar muda ligeiramente ao longo do ano. A órbita da Terra não é um círculo perfeito, é uma elipse, e o eixo da Terra é inclinado. Esses fatores causam pequenas variações na duração de cada dia solar. Para manter o tempo consistente, definimos o dia **solar médio**, o comprimento médio de todos os dias solares ao longo de um ano, como exatamente 24 horas.

Assim, por trás do simples tique-taque de um relógio, existe uma dança delicada entre a rotação da Terra e a sua viagem à volta do Sol – um movimento silencioso mas constante, que a nossa medição do tempo tenta acompanhar com cuidado.

Hoje, uma hora é definida como 1/24 de um dia solar médio, um minuto como 1/60 de uma hora, e um segundo como 1/60 de um minuto. Porém, até estas medições tradicionais não são suficientemente exatas para o trabalho científico mais preciso.

Porque 60 Segundos? Porque 60 Minutos? Porque 24 Horas?

O tempo pode parecer que segue o ritmo da natureza, mas a forma como o medimos está cheia de decisões humanas antigas, matemática engenhosa e um toque de mistério.

Vamos começar pelo dia. A Terra gira uma vez a cada 24 horas. Ou quase. Essa rotação é o que nos dá o dia e a noite. Por isso, dividir um dia em 24 partes faz algum sentido. Mas por que 24 e não 10, 20 ou 100?

Para responder, temos de viajar milhares de anos para trás, até à antiga Babilónia, no que é hoje o Iraque. Os babilónios adoravam o número 60. Em vez de contarem por 10 como nós fazemos, usavam um sistema de numeração baseado em 60. Esse sistema chama-se sexagesimal, e é um dos sistemas de numeração mais antigos de que se tem registo. Eles achavam o 60 especial: pode ser dividido igualmente por 2, 3, 4, 5 e 6, o que o tornava perfeito para dividir coisas em partes.

Assim, quando os primeiros medidores do tempo, como os construtores de relógios de sol e astrónomos, precisaram de fatiar o tempo, foram buscar a ideia aos babilónios. Dividiram cada hora em 60 minutos e cada minuto em 60 segundos. É por isso que o teu relógio não é baseado num sistema decimal (sistema de numeração em base 10), como a tua calculadora.

E porque 24 horas num dia? Essa ideia pode ter vindo dos egípcios. Eles dividiam o dia em 10 partes usando relógios de sol e acrescentavam uma hora para a manhã e outra para a tarde, ficando com 12. Fizeram o mesmo para a noite, usando estrelas para dividir a escuridão em 12 partes. Agora soma: 12 horas de luz e 12 horas de noite dão 24 horas num dia completo.

Por isso, da próxima vez que olhares as horas, lembra-te: os números no teu relógio vêm de observadores de estrelas, fabricantes de relógios de sol e fãs de matemática de há milhares de anos. Estás a carregar um pequeno pedaço de história antiga no bolso.

Como os Cientistas Definem o Tempo

Durante a maior parte da história humana, as pessoas mediram o tempo observando o mundo natural: o movimento do Sol, as mudanças das estações, o nascer e o pôr das estrelas. Um dia era medido de um nascer do sol ao seguinte, e um ano de uma primavera à outra. Esses métodos funcionavam bem para a vida diária, mas não eram suficientemente exatos para a ciência.

Com o avanço da tecnologia, os cientistas quiseram uma forma de medir o tempo muito mais precisa. Precisavam de uma definição que fosse sempre igual, não importando o lugar ou a época em que fosse usada.

No início, os cientistas definiram o segundo dividindo o dia em partes menores. Um dia foi dividido em 24 horas, cada hora em 60 minutos e cada minuto em 60 segundos. Assim, um segundo foi definido como 1/86 400 de um dia completo. No entanto, mais tarde descobriram que o comprimento do dia muda ligeiramente ao longo do tempo, por causa de pequenas variações na rotação da Terra. Além disso, a rotação da Terra está a ficar um bocadinho mais lenta a cada ano. Isso significa que usar o movimento da Terra não é uma forma confiável de definir um segundo.

Em 1967, os cientistas criaram uma definição melhor usando átomos, que são os minúsculos blocos de construção de tudo o que existe à nossa volta. Eles escolheram o átomo de césio-133 porque ele vibra a um ritmo extremamente estável. Os cientistas descobriram que um átomo de césio, quando está nas condições certas, emite exatamente 9 192 631 770 vibrações a cada segundo.

Hoje, um segundo é oficialmente definido como o tempo que essas 9 192 631 770

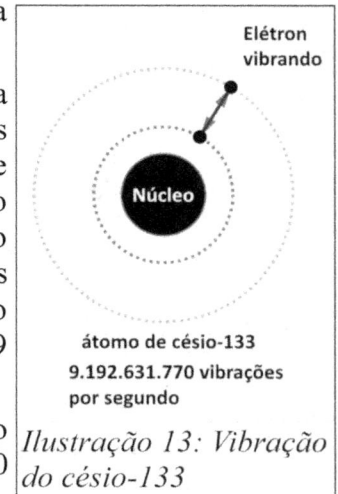

átomo de césio-133
9.192.631.770 vibrações por segundo

Ilustração 13: Vibração do césio-133

vibrações do átomo de césio-133 levam a acontecer em determinadas condições. Este método é extremamente preciso e é usado em relógios atómicos, que mantêm o tempo com tanta exatidão que só adiantariam ou atrasariam cerca de um segundo em milhões de anos.

Graças a esse trabalho cuidadoso, os cientistas têm agora uma definição de tempo estável, exata e aceite em todo o mundo. Ainda mais importante: qualquer cientista, com o equipamento certo, pode medir o tempo exatamente.

Calendários

Os calendários são usados há pelo menos 10 000 anos. Isso dá cerca de 500 gerações. Os teus tetratataravós na 499.ª geração talvez já usassem um calendário!

Durante milhares de anos, as pessoas precisaram de formas de acompanhar o tempo, não só horas e dias, mas também meses, estações e anos. Os calendários foram criados para ajudar a organizar a vida, planear épocas de colheita, marcar festivais e celebrar acontecimentos importantes.

Os primeiros calendários baseavam-se no que as pessoas podiam observar facilmente: os movimentos do Sol, da Lua e das estrelas. Alguns povos antigos, como os babilónios, usavam os ciclos da Lua para criar calendários lunares. Um **mês lunar**, o tempo de uma lua nova até à seguinte, tem cerca de 29,5

Ilustração 14: Calendário maia

dias. Doze meses lunares somam perto de 354 dias, o que é mais curto do que um ano solar completo.

Outras civilizações, como os antigos egípcios, perceberam que o caminho do Sol no céu e as mudanças das estações eram muito regulares. Criaram calendários solares baseados na viagem da Terra à volta do Sol, que leva cerca de 365 dias. Os egípcios até acrescentavam um dia especial a cada quatro anos, tal como o nosso ano bissexto, para manter o calendário alinhado com as estações.

Os romanos mais tarde desenvolveram o calendário juliano, introduzido por Júlio César em 45 a.C. Esse calendário tinha 365 dias por ano, com um dia extra acrescentado a cada quatro anos para compensar o quarto de dia que "sobra" todos os anos. No entanto, o calendário juliano tinha um pequeno erro: era cerca de 11 minutos demasiado longo por ano. Ao longo dos séculos, esses pequenos erros foram somando, fazendo o calendário ficar desalinhado em relação às estações.

Para corrigir isso, em 1582 o Papa Gregório XIII introduziu um novo sistema: o calendário gregoriano, que é o calendário usado hoje pela maior parte do mundo. O calendário gregoriano fez uma pequena, mas importante, correção: manteve o ano bissexto a cada quatro anos, mas retirou o ano bissexto nos anos múltiplos de 100, exceto se também forem múltiplos de 400. Isso mantém o calendário muito próximo da órbita real da Terra à volta do Sol.

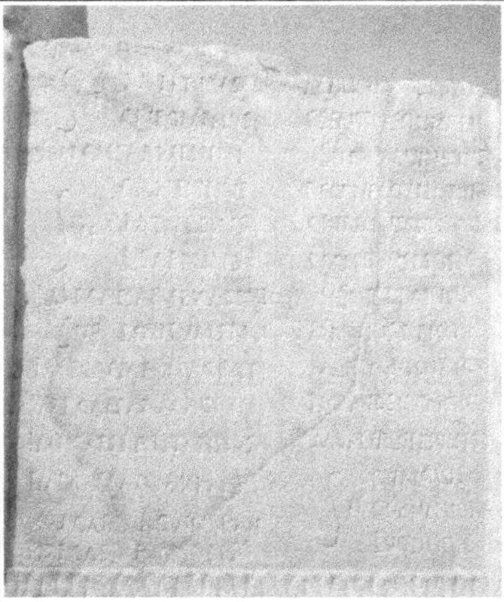

O calendário atual tem 12 meses, com a maioria tendo 30 ou 31 dias, exceto fevereiro, que normalmente tem 28 dias, ou 29 num ano bissexto. O nosso ano baseia-se no ciclo solar, mantendo as nossas estações, primavera, verão, outono e inverno, nos lugares certos. No entanto, mesmo com todo este esforço para manter os calendários sincronizados com os movimentos da Terra, pequenas discrepâncias ainda podem aparecer.

Ilustração 15: Calendário romano – Créditos: Kleuske

Segundos Bissextos

Um segundo bissexto é um ajuste especial feito para manter os nossos relógios sincronizados com os movimentos naturais da Terra. Embora definamos o segundo de forma muito precisa usando relógios atómicos, a rotação da Terra não é perfeitamente estável. Ela pode acelerar ou abrandar ligeiramente por causa de coisas como a força da Lua, terramotos ou até mudanças nas correntes oceânicas.

Por causa dessas pequenas variações, o tempo medido pela rotação da Terra (chamado **Tempo Universal**) às vezes afasta-se do tempo marcado pelos relógios atómicos (chamado **Tempo Atómico Internacional**). Para corrigir isso, os cientistas adicionam um segundo bissexto ao Tempo Universal.

Os segundos bissextos são decididos por um grupo chamado Serviço Internacional de Rotação da Terra e Sistemas de Referência (IERS). Eles medem cuidadosamente a diferença entre o tempo atómico e a rotação da Terra. Quando essa diferença fica próxima de 0,9 segundos, anunciam que será adicionado um segundo bissexto.

Os segundos bissextos são geralmente adicionados no fim de 30 de junho ou 31 de dezembro. Quando um segundo bissexto é adicionado, o relógio mostra 23:59:60 antes de passar para 00:00:00. Esse pequeno segundo extra ajuda a manter o Tempo Universal, o tempo que usamos no dia a dia, alinhado com o ritmo natural da Terra.

Ilustração 16: Segundo bissexto

Os segundos bissextos são raros. Desde que foram introduzidos, em 1972, apenas algumas dezenas foram adicionados.

Hora do Dia

Os primeiros "relógios" não eram máquinas. Há milhares de anos, civilizações antigas, como a egípcia, usavam relógios de sol, que mediam o tempo pela **sombra do Sol** a mover-se sobre uma superfície marcada. Os relógios de sol funcionavam bem em dias ensolarados, mas eram inúteis à noite ou com céu muito nublado.

Para medir o tempo quando o Sol não podia ser visto, as pessoas inventaram os **relógios de água**, também chamados clepsidras. Esses dispositivos mediam o tempo pelo fluxo constante de água de um recipiente para outro. Egípcios e gregos antigos usavam relógios de água para controlar o tempo de discursos e eventos noturnos.

Mais tarde, as pessoas criaram os relógios mecânicos. Por volta dos anos 1300, grandes relógios mecânicos foram construídos em cidades europeias, muitas vezes nas torres das igrejas. Esses relógios usavam engrenagens, pesos e braços oscilantes para marcar o tempo. No entanto, não eram muito precisos segundo os padrões atuais, podendo adiantar ou atrasar horas num só dia.

Antes da Invenção dos Relógios Mecânicos

Usar as Próprias Mãos

As pessoas inventaram várias maneiras de saber a hora do dia pela posição do Sol. Por exemplo, alguns grupos nativos americanos usavam um método simples, mas engenhoso, para estimar o tempo que faltava até o pôr do sol, usando apenas as mãos.

Eles estendiam o braço à frente do corpo, com a palma virada para si, e "empilhavam" os dedos entre o horizonte e o Sol. Cada dedo representava aproximadamente quinze minutos de tempo. Ao contar quantos dedos cabiam entre o Sol e o horizonte, podiam estimar quanto tempo faltava até o pôr do sol. Esse método prático permitia-lhes planear as suas atividades sem precisar de relógios, confiando apenas na observação cuidadosa da natureza.

Sombras no Chão

Antes da invenção dos relógios mecânicos, as pessoas usavam o movimento das sombras para medir o tempo durante o dia. Este método funciona porque, à medida que a Terra gira, a posição aparente do Sol no céu vai mudando. Quando o Sol se move, o comprimento e a direção das sombras no chão também mudam de maneiras previsíveis.

Quando o Sol nasce no leste, as sombras estendem-se longas para o oeste. À medida que o Sol sobe mais alto no céu, as sombras ficam mais curtas. Perto do meio-dia, quando o Sol está mais alto, as sombras são as mais curtas do dia. Depois do meio-dia, quando o Sol desce em direção ao oeste, as sombras voltam a alongar-se, desta vez apontando para leste.

Mesmo sem um relógio de sol, observadores experientes conseguiam ter uma ideia aproximada da hora, apenas olhando como as sombras mudavam ao longo do dia. O estudo cuidadoso das sombras ajudou civilizações antigas a desenvolver formas melhores de organizar os dias e planear atividades importantes. Este truque simples levou à invenção dos relógios de sol. *Experimenta a Atividade do Relógio de Pau na página 70.*

Ilustração 17: Pau fazendo sombra no chão

Relógios de Sol

O **relógio de sol** foi usado em muitas culturas, incluindo a do Médio Oriente, Norte de África, China, Índia, Maia e Europa. Um relógio de sol é constituído por uma base com marcas para indicar as horas do dia e um gnómon. Para que o relógio de sol funcione, o gnómon tem de apontar para o norte verdadeiro. O norte verdadeiro é a direção do polo norte. Além disso, o gnómon deve ser inclinado de acordo com a latitude (a distância em relação ao equador) onde o relógio de sol se encontra.

Para usar um relógio de sol, observamos onde a sombra do gnómon, criada pelo Sol, cai sobre a base. Se as marcações no relógio estiverem corretas, é possível ler aproximadamente a hora do dia. *Experimenta a Atividade do Relógio de Sol na página 72.*

Ilustração 18: Relógio de sol

Observar o Comportamento dos Animais

Muito antes da invenção dos relógios, as pessoas muitas vezes olhavam para a natureza para perceber a passagem do tempo. Um método útil consistia em observar o comportamento diário dos animais. Muitos animais seguem ritmos naturais ligados ao ciclo de dia e noite. Prestando atenção a esses padrões, as pessoas podiam estimar a hora.

Por exemplo, os galos são famosos por cantar de madrugada, muitas vezes pouco antes do nascer do sol. Ouvir o galo cantar era um sinal de que um novo dia estava a começar.

As aves também dão pistas úteis. Muitos pássaros canoros, como os melros e os pardais, cantam principalmente ao

Ilustração 19: Galo marcando a alvorada

Capítulo 2 – Como Medimos o Tempo?

amanhecer e nas primeiras horas da manhã. Os seus cantos matinais ajudavam as pessoas a perceber que ainda era cedo no dia.

Outros animais mostram padrões claros ao entardecer. Os grilos, por exemplo, começam a chilrear com mais frequência à medida que o ar esfria ao pôr do sol. Ouvir o som constante dos grilos era uma forma natural de perceber que a noite se aproximava.

Até o gado, como vacas e ovelhas, pode ser usado para sentir a hora. Muitas vacas juntam-se perto do pôr do sol, preparando-se para voltar aos estábulos. Os agricultores aprenderam a notar esses hábitos para organizar o seu trabalho diário.

Ao observar com atenção os hábitos naturais dos animais, as pessoas conseguiam acompanhar o tempo sem usar qualquer ferramenta. A natureza dava-lhes um relógio vivo e em movimento.

Ampulheta

Muito antes de telemóveis vibrarem ou relógios apitarem, as pessoas marcavam as horas com areia a escorrer. Uma das ferramentas mais elegantes e confiáveis que usavam era a **ampulheta**.

Uma ampulheta é um medidor de tempo feito de duas "bolsas" de vidro ligadas por uma passagem estreita, como uma cintura. Dentro da parte de cima, há uma certa quantidade de areia fina. Quando a ampulheta é virada, a areia começa a cair, grão a grão, para a parte de baixo.

A ampulheta funciona usando a gravidade, a força natural que puxa tudo para baixo. A areia flui pelo estreito do

Ilustração 20: Ampulheta

meio a uma velocidade constante, porque só uma certa quantidade de grãos consegue passar de cada vez pela abertura minúscula. Isso cria um fluxo muito previsível, que permite à ampulheta medir o tempo com uma precisão surpreendente.

Quando toda a areia passa do bulbo de cima para o de baixo, um certo intervalo de tempo se completou, normalmente uma hora, meia hora ou apenas alguns minutos, dependendo do modelo.

Para usar a ampulheta de novo, basta virá-la, e a areia começa a sua viagem outra vez.

As ampulhetas foram usadas durante muitos séculos por marinheiros, monges e cientistas. Nos navios, eram especialmente úteis porque não dependiam de luz solar nem de chamas. Os monges usavam-nas para medir a duração de orações. Em oficinas e cozinhas, pequenas ampulhetas serviam para controlar discursos, receitas ou até jogos.

Ainda hoje, podes encontrar pequenas ampulhetas em jogos de tabuleiro, salas de aula ou como decoração: belos símbolos do tempo a escorrer silenciosamente.

A ampulheta lembra-nos que o tempo flui numa única direção: do futuro para o presente, e do presente para o passado. Tal como a areia que cai, o tempo não pode ser empurrado para trás. Podes virar a ampulheta, mas ela nunca volta ao mesmo momento. Apenas recomeça.

Curiosidade: algumas ampulhetas não usam areia! Algumas usam pó de mármore, microesferas de vidro ou até líquidos. O mais importante é o fluxo ser uniforme, não o material exato. *Experimenta a Atividade da Ampulheta na página 73.*

Relógios de Água (Clepsidras)

Um **relógio de água**, também chamado clepsidra, é uma das ferramentas mais antigas que os humanos usaram para medir o tempo. Ele funciona usando o fluxo constante de água para acompanhar a passagem dos minutos e das horas.

A ideia básica de um relógio de água é simples. A água escorre lentamente de um recipiente para outro. Medindo com cuidado quanta água passou de um para o outro, as pessoas podiam saber quanto tempo tinha decorrido. Algumas clepsidras usavam marcações dentro de um recipiente para indicar diferentes intervalos de tempo à medida que o nível da água subia ou descia.

Ilustração 21: Relógio de água chinês

Civilizações diferentes construíram tipos diferentes de relógios de água. No Egito e na Babilónia antigos, eles eram usados para medir o tempo durante a noite, quando os relógios de sol não funcionavam. Na Grécia antiga, ajudavam a manter discursos em tribunais justos, limitando o tempo que alguém podia falar. Na China, foram desenvolvidos relógios de água mais complexos, com engrenagens e rodas para acompanhar períodos mais longos.

Os relógios de água tinham de ser construídos com muito cuidado. Se o orifício fosse grande demais ou pequeno demais, a água corria rápido demais ou devagar demais, tornando o relógio impreciso. A temperatura e a humidade também podiam afetar o fluxo da água.

Embora não fossem tão exatos quanto os relógios modernos, os relógios de água foram um passo importante para ajudar as pessoas a dividir o dia em partes menores e previsíveis. Mostraram que o tempo podia ser medido com atenção, não apenas adivinhado pelo Sol ou pelo comprimento das sombras. *Experimenta a Atividade do Relógio de Água na página 77.*

Relógios de Vela

Um relógio de vela é uma forma simples, mas engenhosa, de medir o tempo. Era usado muito antes de existirem relógios mecânicos. É assim que funciona:

Um relógio de vela é apenas uma vela feita para queimar a uma velocidade constante, sempre no mesmo ritmo. Isso significa que ela derrete e fica mais curta à mesma velocidade com o passar do tempo. Antes de acender a vela, as pessoas marcavam o lado dela com linhas, dividindo-a em partes iguais. Por exemplo, se a vela estivesse pensada para arder durante seis horas, podia ter seis marcas, cada uma representando uma hora que passa.

Ilustração 22: Relógio de vela

Quando a vela era acesa, a chama ia derretendo a cera. À medida que a vela queimava e a chama passava por cada marca, isso mostrava que determinada quantidade de tempo tinha decorrido. Alguns relógios de vela tinham até pequenas bolas de metal dentro da cera. Quando a chama derretia a cera à volta de uma dessas bolas, ela caía sobre uma bandeja metálica, fazendo um som alto que sinalizava a passagem do tempo.

Os relógios de vela eram usados principalmente em interiores, especialmente à noite, quando outros métodos, como a sombra do Sol, não eram possíveis. Eram úteis para controlar o tempo em reuniões, orações ou para medir horas de trabalho. *Experimenta a Atividade do Relógio de Vela na página 75.*

Relógios de Incenso

Um relógio de incenso é uma forma muito interessante que as pessoas da antiguidade encontraram para medir o tempo, especialmente na China e no Japão. É assim que funcionava:

O relógio de incenso usava um pauzinho ou espiral de incenso que queimava a uma velocidade constante e conhecida. O incenso é uma substância que tem cheiro agradável quando queimada e produz fumo enquanto arde devagar. As pessoas faziam varas ou espirais de incenso marcadas com linhas ou moldadas em formas especiais, de modo que o tempo que levava para o incenso queimar de um ponto ao outro pudesse ser controlado com cuidado.

Ilustração 23: Relógio de incenso chinês

Alguns relógios de incenso eram feitos com paus retos colocados numa superfície, com pequenos marcadores de metal ou outros materiais em certos pontos. Quando a parte queimada do incenso chegava a um desses marcadores, fazia o marcador cair sobre uma bandeja metálica, produzindo um som suave para indicar que um certo intervalo de tempo tinha passado.

Outros relógios de incenso tinham forma espiral, parecida com a concha de um caracol. Estes podiam queimar durante muitas horas e, à medida que a chama viajava ao longo do caminho em espiral, as pessoas podiam saber quanto tempo passou observando até onde o incenso tinha ardido.

Os relógios de incenso eram úteis porque funcionavam bem em interiores, cheiravam bem e eram silenciosos e suaves, comparados com outros tipos de relógios. Eram usados frequentemente em templos, casas e até em cerimónias importantes para acompanhar a passagem das horas.

Posições das Estrelas à Noite

À noite, também é possível dizer as horas observando como as estrelas se movem no céu. As estrelas parecem mover-se porque a Terra gira. Se souberes onde certas estrelas devem estar, podes usá-las como um enorme relógio no céu.

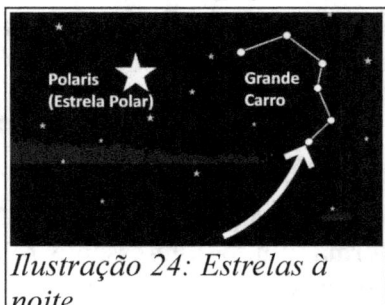

Ilustração 24: Estrelas à noite

Uma das estrelas mais importantes para dizer as horas é Polaris, também chamada Estrela Polar. Ela quase não se move no céu porque está praticamente alinhada com o polo norte da Terra. Para encontrar Polaris, podes usar a constelação da Ursa Maior (o "Grande Carro"), um grupo de estrelas que se parece com uma colher. As duas estrelas na borda do "balde" da Ursa Maior apontam quase diretamente para Polaris.

Depois de encontrares Polaris, podes imaginar o céu inteiro a girar à volta dela, como os ponteiros de um relógio. A Ursa Maior gira em torno de Polaris uma vez a cada 24 horas. Ao anoitecer, a Ursa Maior pode estar baixa no céu do norte. Mais tarde na noite, estará mais alta ou até de cabeça para baixo. A posição da Ursa Maior indica quantas horas se passaram desde o início da noite.

No Hemisfério Sul, as pessoas usam um método diferente. Elas procuram o Cruzeiro do Sul, um grupo de estrelas em forma de papagaio ou cometa. Imaginam uma linha que vai desde o Cruzeiro do Sul até o horizonte sul. A inclinação do Cruzeiro do Sul ajuda a dizer as horas, tal como a Ursa Maior faz no norte.

Este método não é tão exato quanto um relógio de pulso, mas pode dar uma boa ideia da hora, especialmente se treinares bastante!

Relógios Mecânicos

Nos anos 1200, na Europa, foram inventados os primeiros relógios mecânicos. Esses relógios usavam pesos pesados, engrenagens e um dispositivo chamado escape para marcar o tempo. O escape controlava o movimento das engrenagens, garantindo que o tempo passasse de forma constante, tique a tique.

No início, os relógios mecânicos eram grandes e construídos dentro de torres. Tocavam sinos para anunciar cada hora, para que toda a cidade pudesse ouvir. Esses relógios ainda não tinham mostrador nem ponteiros. Apenas emitiam badaladas.

Mais tarde, por volta dos anos 1300, os relojoeiros começaram a acrescentar mostradores e ponteiros das horas. No século XVII, passaram a incluir também ponteiros dos minutos. Agora as pessoas podiam ver a hora, não só ouvi-la.

Relógios de Pêndulo: Um Salto Gigante

Ilustração 25: Relógio movido a pesos

Em 1656, um cientista holandês chamado Christiaan Huygens inventou o relógio de pêndulo. Um pêndulo é um peso que balança para frente e para trás. Huygens descobriu que um pêndulo oscila num ritmo muito regular. Ao ligar um pêndulo a um relógio mecânico, ele tornou os relógios muito mais precisos: em vez de perder minutos por dia, perdiam apenas alguns segundos!

Os relógios de pêndulo rapidamente se tornaram populares, especialmente em igrejas, edifícios públicos e casas ricas.

Ilustração 26: Relógio de pêndulo de Christiaan Huygens

Relógios de Mola: o Tempo Torna-se Portátil

Logo depois dos relógios de pêndulo, os inventores criaram os relógios movidos a mola. Em vez de pesos pesados, estes relógios eram alimentados por molas enroladas. Isso tornou os relógios mais pequenos e portáteis. Nos séculos XVIII e XIX, as pessoas já podiam ter relógios pessoais em casa e, mais tarde, pequenos relógios de bolso para levar consigo.

Relógios Elétricos: O Tempo Ganha Energia

No século XIX, a eletricidade começou a mudar o mundo, e também mudou os relógios. Os primeiros relógios elétricos usavam pequenos motores elétricos para mover as engrenagens. Alguns utilizavam a eletricidade para manter um pêndulo a oscilar. Estes relógios eram ainda mais precisos e mais fáceis de manter.

Relógios de Quartzo: Uma Revolução de Cristal

Em 1927, os cientistas desenvolveram o relógio de quartzo. O quartzo é um tipo de cristal. Quando uma corrente elétrica passa por ele, o quartzo vibra a um ritmo muito estável, como um minibatimento cardíaco. Os relógios de quartzo usam essas vibrações para marcar o tempo. São extremamente precisos, perdendo apenas alguns segundos por mês. Hoje, muitos relógios e relógios de pulso, mesmo os digitais, usam tecnologia de quartzo.

Relógios Atómicos: os Mestres do Tempo

No coração dos nossos medidores de tempo mais precisos, há um segredo: o ritmo do próprio universo. Os **relógios atómicos** são os relógios mais exatos que já foram criados, e não usam engrenagens, molas nem pêndulos. Em vez disso, medem o tempo usando a dança invisível dos átomos.

No núcleo de cada átomo há uma partícula minúscula, rodeada por partículas ainda menores chamadas eletrões. Esses eletrões podem "saltar"

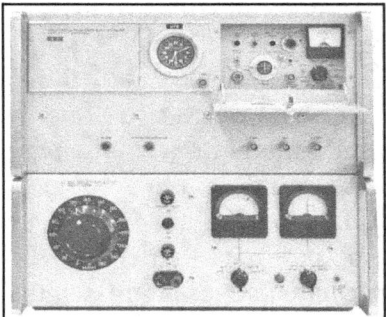

Ilustração 27: Relógio atómico – Créditos: Museumsfoto

entre níveis de energia e, quando o fazem, absorvem ou libertam energia na forma de micro-ondas. Num tipo especial de átomo, o césio-133, esses saltos, ou vibrações, acontecem a um ritmo curiosamente estável: 9 192 631 770 vezes por segundo. Este número é tão exato que os cientistas decidiram definir um segundo como o tempo que essas vibrações levam a acontecer.

Um relógio atómico funciona contando essas vibrações, como um batimento perfeito e invisível. No interior do relógio, átomos de césio são guiados para uma câmara onde são expostos a micro-ondas. Se a frequência das micro-ondas combinar exatamente com o ritmo natural dos átomos, ocorre uma reação especial, e o relógio ajusta-se a si mesmo para se manter em perfeita sintonia com o átomo.

Estes relógios são tão precisos que perderiam apenas cerca de um segundo a cada 100 milhões de anos. Por causa dessa incrível exatidão, os relógios atómicos são usados em satélites de GPS, em missões espaciais e como padrão internacional de tempo. Sem eles, a navegação moderna, a ciência e as comunicações acabariam lentamente fora de sincronia.

Os relógios atómicos lembram-nos de que o tempo está escrito na linguagem dos átomos, as mesmas partículas que formam as estrelas, os planetas e até nós próprios. Escondido nos seus pulsos regulares está um tipo de batimento cósmico, sussurrando o verdadeiro ritmo do tempo.

Capítulo 3 – O Tempo Fica Ainda Mais Esquisito

O Tempo é Relativo

O tempo pode parecer simples, tique-taque, segundo após segundo, mas os cientistas descobriram que o tempo nem sempre é igual para toda a gente ou em todos os lugares. Esta ideia estranha chama-se **relatividade do tempo**. Significa que o tempo pode andar mais depressa ou mais devagar, dependendo de quão rápido te moves ou de quão forte é a gravidade onde estás.

Ilustração 28: Relatividade do tempo

A relatividade do tempo foi explicada pela primeira vez por Albert Einstein, nas suas teorias da **relatividade especial** e da **relatividade geral**. A relatividade especial diz que, quando te moves muito depressa, perto da velocidade da luz, o tempo para ti abranda em comparação com alguém que está parado. A relatividade geral acrescenta que a gravidade também pode afetar o tempo: quanto mais forte é a gravidade, mais devagar o tempo passa.

Os cientistas ficaram curiosos: seria possível provar isto de verdade? Para descobrir, criaram experiências que medem mudanças minúsculas na forma como o tempo passa em condições diferentes. Aqui estão três experiências importantes:

A Experiência de Hafele–Keating (1971)

Nesta experiência, dois cientistas, Joseph Hafele e Richard Keating, usaram relógios atómicos. Eles levaram esses relógios a dar a volta ao mundo em aviões comerciais, alguns voando para leste e outros para oeste, enquanto outros relógios atómicos idênticos ficavam no chão.

Ilustração 29: Experiência de Hafele–Keating

Quando os aviões aterram, os relógios que tinham viajado já não marcavam exatamente o mesmo tempo que os relógios em terra. Os relógios que voaram para leste perderam tempo em relação aos relógios do chão. O relógio que voou para oeste ganhou tempo em relação aos relógios em terra. Isto provou que mover-se a grandes velocidades altera mesmo o fluxo do tempo, exatamente como Einstein tinha previsto.

Gravidade e Tempo: Relógios em Montanhas

Os cientistas também testaram como a gravidade afeta o tempo. Eles colocaram relógios atómicos no topo de montanhas altas e compararam com relógios ao nível do mar. Como a gravidade é mais fraca em maior altitude, o tempo nos relógios da montanha passou ligeiramente mais depressa do que nos relógios ao nível do mar.

Embora a diferença seja minúscula, ela mostra que a gravidade realmente abranda o tempo quando é mais forte. Esta descoberta incrível ajuda a explicar porque é que relógios em satélites que

Ilustração 30: Relógio atómico numa montanha

orbitam a Terra precisam de ajustes para se manterem sincronizados com relógios no chão.

A Observar Múons

Outra prova vem de partículas chamadas **múons**, criadas quando raios cósmicos do espaço batem na atmosfera da Terra. Os múons normalmente desaparecem (ou decaem) muito depressa. Se o tempo se comportasse normalmente para eles, desapareciam antes de chegar ao solo.

Ilustração 31: Raio cósmico criando um múon

Mas os múons movem-se quase à velocidade da luz. Por causa dessa enorme velocidade, o tempo abranda para eles em comparação com o tempo na Terra. Isso permite que muitos múons sobrevivam tempo suficiente para serem detetados por cientistas em solo, dando mais uma demonstração de que o movimento rápido altera o tempo.

Graças a estas experiências, sabemos agora que o tempo não é um relógio rígido, a fazer tique-taque igual para todos. Ele é flexível e pode esticar-se ou encolher, dependendo da velocidade e da gravidade. A relatividade do tempo é uma das descobertas mais surpreendentes de toda a ciência e mostra que o universo é muito mais estranho e maravilhoso do que parece à primeira vista.

A ideia de que o tempo é relativo, de que pode andar mais depressa ou mais devagar dependendo da velocidade e da gravidade, tem consequências incríveis para a ciência e até para o dia a dia. Embora não reparemos o tempo a mudar enquanto andamos por aí, os efeitos da relatividade tornam-se muito importantes quando as coisas se movem muito depressa ou quando a gravidade é muito forte.

Porque o Tempo é Relativo

Aqui vão alguns lugares e situações em que a relatividade do tempo faz diferença:

Satélites de GPS: Os satélites do Sistema de Posicionamento Global (GPS) orbitam a Terra a grandes velocidades e a grandes altitudes. Como se movem depressa e estão mais longe da gravidade forte da

Terra, os seus relógios andam um pouco diferente dos relógios no chão.

Se os cientistas não corrigissem a relatividade do tempo, os sinais de GPS teriam erros de vários quilómetros por dia! Graças às teorias de Einstein e a ajustes cuidadosos, os sistemas de GPS conseguem dizer onde estás, quer estejas a fazer caminhada numa floresta quer a viajar de carro, com uma precisão fantástica. Lê mais sobre GPS na página 27.

Ilustração 32: Satélite de GPS

Perto de Buracos Negros: Buracos negros são regiões no espaço onde a gravidade é incrivelmente forte, tão forte que nem a luz consegue escapar. Perto de um buraco negro, o tempo abranda imenso em comparação com um lugar distante.

Se pudesses pairar em segurança perto de um buraco negro (o que não conseguimos fazer com a tecnologia atual), poderias sentir só alguns minutos a passar, enquanto anos inteiros passariam para alguém longe dali. Este abrandar extremo do tempo aparece em filmes de ficção científica, mas também é uma previsão real da teoria da relatividade de Einstein.

Ilustração 33: Buraco negro

Viagens Espaciais a Alta Velocidade: Se astronautas conseguissem viajar perto da velocidade da luz, eles viveriam o tempo de forma diferente das pessoas que ficassem na Terra.

Por exemplo, um astronauta poderia fazer uma viagem que para ele parecesse durar apenas alguns anos, mas quando voltasse, muitas décadas poderiam ter passado na Terra. Este efeito estranho chama-se dilatação do tempo. Embora ainda não tenhamos naves que viajem perto da velocidade da luz, os cientistas acreditam que, se um dia isso for possível, a relatividade do tempo será muito importante para planear longas missões para outras estrelas.

O Universo Jovem: Logo após o Big Bang, o evento que criou o universo, tudo era extremamente quente, denso e em movimento rápido. Nessas condições extremas, a relatividade do tempo teve um papel enorme na forma como o universo cresceu e mudou.

Os cientistas usam o que sabem sobre relatividade para entender como as galáxias se formaram e como o universo chegou a ser como é hoje.

No dia a dia, não sentimos o tempo a correr de forma diferente. Mas no espaço, perto de buracos negros, em viagens a alta velocidade e até na tecnologia que usamos todos os dias, a relatividade do tempo é muito real e muito importante.

A descoberta de Einstein lembra-nos que o universo está cheio de surpresas e que o próprio tempo é muito mais misterioso e flexível do que alguma vez imaginámos.

Como Funciona o GPS

Imagina que estás perdido numa floresta gigante e tens um mapa mágico que sabe sempre exatamente onde tu estás. É mais ou menos isso que o GPS faz, só que é real e não magia!

GPS significa Sistema de Posicionamento Global. Ele funciona usando satélites, grandes "relógios" a flutuar bem acima da Terra, no espaço. Há cerca de 30 satélites de GPS a orbitar o planeta o tempo todo. Pensa neles como relógios brilhantes, a mandar sinais de rádio enquanto cruzam o céu.

Cada satélite é como um rádio gigante, a enviar constantemente sinais invisíveis a dizer: "Estou aqui! Agora são exatamente estas horas!" Usando essa hora, o teu aparelho calcula quanto tempo o sinal demorou a chegar ao teu telemóvel. Isso diz ao teu GPS a que distância o satélite está.

Mas aqui está o truque: ele não ouve apenas um satélite. Ele ouve pelo menos quatro ao mesmo tempo.

Cada sinal diz ao aparelho a que distância esse satélite está, como se estivesses a tentar adivinhar a distância de uma voz num quarto escuro. Usando matemática chamada triangulação, o aparelho descobre onde tu deves estar, com base no tempo que os sinais demoraram a chegar.

Aqui está uma explicação ilustrada de como o GPS funciona:

Lá bem acima da Terra, cerca de 30 satélites de GPS dão voltas pelo espaço. Para descobrir exatamente onde tu estás, e até quão alto estás, o teu aparelho de GPS só precisa "ouvir" quatro deles. É assim que funciona:

O Primeiro Satélite
Um satélite envia um sinal que diz que horas são. O teu aparelho de GPS apanha esse sinal e usa a hora para calcular a que distância o satélite está. Isso significa que tu estás algures numa esfera invisível (uma bola gigante) em volta desse satélite.

O Segundo Satélite
Outro satélite envia o seu sinal. O teu GPS calcula também a distância até esse. Agora estás numa segunda esfera invisível. Onde as duas esferas se sobrepõem, elas formam um círculo. Então o teu GPS sabe que tu estás algures nesse círculo.

O Terceiro Satélite
Um terceiro satélite entra na conversa. O teu GPS calcula a distância até ele também, criando uma terceira esfera. Quando as três esferas se cruzam, elas intersectam-se em dois pontos. Isso quer dizer que o teu GPS sabe agora que estás num desses dois pontos.

O Quarto Satélite
Um último satélite junta-se à festa. Ele ajuda o teu GPS a descobrir qual dos dois pontos é o "tu" verdadeiro. Agora o aparelho sabe exatamente onde estás, normalmente com uma precisão entre 1 e 10 metros (cerca de 3 a 33 pés). Ele sabe até a que altura do solo tu estás!

O sistema GPS funciona porque os satélites têm no interior relógios muito precisos, relógios atómicos, que marcam o tempo com tanta exatidão que só se enganariam em cerca de um segundo ao fim de milhões de anos! Se a marcação do tempo estivesse mesmo só um bocadinho errada, a tua posição poderia ficar desviada muitos quilómetros.

Por isso, graças a um céu cheio de "relógios-rádio-espaciais", a uma matemática poderosa e ao teu pequeno aparelho esperto, podes saber exatamente onde estás, quase em qualquer ponto da Terra.

O Tempo Pode Dobrar e Esticar

Quando ouves a palavra "dobrar", talvez penses num ramo de árvore ou numa palhinha flexível. Surpreendentemente, o tempo, algo que normalmente imaginamos como firme e reto, também pode dobrar. Os cientistas chamam a isto curvatura do tempo, e é uma das ideias mais importantes das teorias da relatividade de Albert Einstein.

Mas como é que o tempo, que é invisível, pode dobrar? Para entender isso, temos de pensar em duas coisas: velocidade e gravidade.

O Tempo Dobra Quando Te Moves Muito Depressa

Quando andas de bicicleta ou conduzes um carro, sabes que estás a mover-te pelo espaço: vais de um lugar para outro. Mas talvez não repares que também estás a mover-te através de outra coisa: o tempo.

E quando te moves muito depressa, perto da velocidade da luz, acontece algo estranho: o tempo dobra-se e estica-se.

Ilustração 34: Dilatação do tempo a alta velocidade

Esta ideia surpreendente vem da teoria da relatividade especial de Einstein, publicada em 1905. Ela diz-nos que o tempo não se comporta da mesma forma para toda a gente, sobretudo quando pessoas ou objetos se movem a velocidades muito altas.

O Que Significa o Tempo Esticar-se?

Ilustração 35: Tempo esticado

Imagina dois gémeos. Um fica na Terra e o outro entra numa nave espacial que viaja perto da velocidade da luz.

> Para o gémeo que fica na Terra, o tempo passa normalmente, dia após dia.

> Para o gémeo que está na nave, o tempo passa mais devagar.

Quando o gémeo viajante regressar à Terra, pode ter envelhecido apenas alguns anos, enquanto o gémeo que ficou pode ter envelhecido décadas!

Para o gémeo viajante, o tempo dentro da nave parecia normal. Mas, comparado com a Terra, o seu relógio esticou, andou mais devagar. Este efeito estranho chama-se dilatação do tempo.

Às velocidades de todos os dias, como correr, conduzir ou até voar num avião, este esticar é tão pequeno que não o conseguimos sentir. Mas a velocidades próximas da luz, o esticar torna-se enorme. *Experimenta a Atividade do Paradoxo dos Gémeos na página 60.*

Porque é que o Tempo se Estica a Altas Velocidades?

Segundo Einstein, a velocidade da luz é a velocidade máxima de tudo.

As leis da natureza garantem que, não importa quão depressa te moves, a velocidade da luz parece sempre a mesma para toda a gente.

Para que isso aconteça, quando te moves mais depressa:

- As distâncias podem encolher.
- A massa pode aumentar.
- O tempo pode esticar-se.

Este esticar do tempo é a maneira que o universo encontra de manter tudo em equilíbrio.

Consequências do Esticar do Tempo

O facto de o tempo se esticar a altas velocidades traz várias consequências importantes:

Viagens para Estrelas Distantes: Se um dia os humanos conseguirem construir naves que viajem perto da velocidade da luz, astronautas poderão fazer longas viagens até outras estrelas.

Para eles, a viagem pode parecer durar apenas alguns anos. Mas, quando voltarem à Terra, podem ter passado milhares de anos por aqui!

Isto significa que viagens espaciais a grande velocidade um dia podem permitir aos humanos visitar partes distantes da galáxia, mas com o custo estranho de deixar para trás o mundo que conheciam. Experimenta a Atividade do Paradoxo dos Gémeos na página *60*.

Proteger Naves e Equipamentos: Quando partículas do espaço, chamadas raios cósmicos, viajam perto da velocidade da luz, o tempo estica para elas. É por isso que ainda conseguimos detetar certas partículas rápidas que, normalmente, deviam decair rapidamente.

Os cientistas têm de pensar na dilatação do tempo ao desenhar naves espaciais e satélites, especialmente quando estes estão expostos a partículas de alta velocidade no espaço.

Entender o Universo: O esticar do tempo ajuda os cientistas a compreender como o universo se comporta. Explica porque é que certas partículas sobrevivem mais tempo do que o esperado, porque os satélites de GPS precisam de ajustes especiais nos seus relógios e até como buracos negros e outros objetos cósmicos se comportam em condições extremas.

Conclusão: Quando objetos se movem muito depressa, perto da velocidade da luz, o tempo estica-se para eles. Para alguém parado, o relógio em movimento faz tique-taque mais devagar.

Esta descoberta incrível mostra que o tempo não é algo rígido e imutável. Em vez disso, pode esticar-se e dobrar, dependendo da velocidade.

O esticar do tempo muda a forma como entendemos viagens espaciais, eventos cósmicos e até o futuro da exploração humana no universo.

O Tempo Dobra Quando a Gravidade é Forte

A teoria da relatividade geral de Einstein mostrou que a gravidade também pode dobrar o tempo.

A gravidade é a força que puxa objetos uns para os outros. Quanto mais massivo é um objeto (como um planeta, uma estrela ou um buraco negro), mais forte é a sua gravidade.

Quando estás perto de algo muito massivo, a gravidade forte abranda o tempo à tua volta.

Por exemplo:

Ilustração 36: Tempo a abrandar sob gravidade

Se estivesses no topo de uma montanha muito alta, o tempo passaria um bocadinho mais depressa para ti do que para alguém ao nível do mar, porque a gravidade é um pouco mais fraca lá em cima.

Perto de um buraco negro, onde a gravidade é incrivelmente forte, o tempo abrandaria tanto que poderia parecer quase parado para alguém a observar de longe.

Os cientistas dizem muitas vezes que a gravidade dobra o espaço e o tempo ao mesmo tempo. Chamam a esta combinação espaço-tempo. Imagina o espaço-tempo como uma folha de borracha esticada. Se colocares uma bola pesada em cima, a folha afunda e curva. Do mesmo modo, objetos muito massivos dobram o espaço-tempo, e, ao dobrar o espaço-tempo, também dobram o próprio tempo.

Conclusão

A curvatura do tempo não é apenas ficção científica, é uma parte real de como o universo funciona.

Quando te moves muito depressa, o tempo abranda para ti. Quando estás perto de algo muito pesado, o tempo também abranda.

Graças às descobertas de Einstein, sabemos agora que o tempo não é um rio simples e reto a correr à mesma velocidade para todos. É um tecido misterioso e flexível, que se dobra, estica e dança pelo universo.

O Tempo é Apenas Parte de uma Simulação?

Em *The Matrix*, Neo, interpretado por Keanu Reeves, descobre algo chocante: o mundo que ele conhece a sua casa, o seu trabalho, até o sabor dos cereais, não é real. É um programa de computador. A mente dele está ligada a um sonho digital enquanto o corpo verdadeiro está noutro lugar, a ser usado como bateria por uma inteligência artificial. É uma aventura cheia de kung fu, pontapés em câmara lenta e perguntas profundas sobre o que é real.

Mas aqui é que a coisa fica ainda mais estranha: alguns cientistas reais acham que algo parecido pode ser verdade. Essa ideia chama-se Hipótese da Simulação e, embora pareça ficção científica, é levada a sério por alguns dos pensadores mais brilhantes vivos hoje.

A Hipótese da Simulação não diz que robôs malignos nos estão a transformar em pilhas (ufa!). Nem sequer diz que temos de ter corpos.

Em vez disso, faz uma pergunta maior:

> E se tudo o que vemos, sentimos e acreditamos fizer parte de uma simulação superavançada criada por uma inteligência superior?

Imagina um supercomputador tão poderoso que consegue criar pessoas, planetas e pizza, e fazê-los parecer reais. Nós não saberíamos a diferença, porque nunca saímos "para fora" da simulação para comparar. Tudo pareceria real para nós, mas poderia ser apenas dados.

Ilustração 37: Será o tempo uma simulação?

E aqui vem a parte que liga isto ao tempo: se estivermos numa simulação, então o próprio tempo pode ser programado. O tique-taque dos relógios, a mudança das estações, a forma como envelhecemos e sonhamos, tudo isto pode ser um programa de computador, uma peça de código esperta criada para manter a simulação a funcionar direitinho.

Talvez o tempo só avance quando alguém está a observar. Talvez ande de forma diferente em partes diferentes da simulação. Ou talvez seja apenas um "slider" num menu de definições cósmico.

Não sabemos se estamos numa simulação, e talvez nunca venhamos a saber. Mas a ideia faz-nos colocar perguntas grandes e importantes:

"Que é real?"

"Porque é que o universo funciona como funciona?" E: "Será que tudo o que conhecemos, até o tempo, faz parte de um programa muito maior?"

Mistério? Com certeza. Impossível? Talvez não.

O Tempo Não Pode Ser Desfeito

A maioria dos cientistas concorda que o tempo anda para a frente e não pode ser desfeito. Quando entornas um copo de leite, ele não salta magicamente de volta para dentro do copo. Quando uma vela arde, a cera derretida não se junta e não volta para cima para formar uma vela novinha. No dia a dia, é bem claro: o tempo anda numa só direção, do passado para o presente e para o futuro.

Esta "estrada de sentido único" do tempo chama-se *seta do tempo*. Ela está ligada a uma ideia na ciência chamada entropia.

Entropia e a Seta do Tempo

Entropia é uma palavra científica que descreve o quão bagunçadas ou desordenadas as coisas ficam com o tempo. Segundo a Segunda Lei da Termodinâmica, em qualquer processo natural a quantidade de desordem (entropia) tende sempre a aumentar. Por exemplo:

> Quando partes um ovo, ele torna-se uma mistura pegajosa. É fácil mexer o ovo, mas muito difícil "desmexê-lo".

> Se misturas tinta vermelha com tinta azul, obténs roxo. As tintas não se separam sozinhas outra vez.

Como a entropia está sempre a subir, ela dá uma direção ao tempo. As coisas passam de arrumadas a desarrumadas, e isso ajuda-nos a distinguir o passado do futuro. Os cientistas acreditam que esse aumento da entropia é uma das principais razões pelas quais o tempo não pode andar para trás.

Novas Teorias Científicas Sobre Reverter o Tempo

Mesmo parecendo impossível "desfazer" o tempo, algumas novas teorias científicas exploram se isso poderia acontecer em condições muito especiais.

Mecânica Quântica e Eventos Reversíveis: No estranho mundo da mecânica quântica (a ciência das partículas muito pequenas), alguns processos são reversíveis. Isso quer dizer que, ao nível de átomos e partículas, as leis da física não proíbem completamente o tempo de andar para trás.

No entanto, quando tens milhões e milhões de partículas, como na vida real, tudo fica demasiado complicado, e o fluxo normal do tempo para a frente volta a dominar por causa do aumento da entropia.

Alguns cientistas até já fizeram pequenas experiências com computadores quânticos em que sistemas minúsculos parecem "reverter" o seu estado. Mas isto só funciona com poucas partículas e por um período muito curto. Não é o mesmo que fazer um copo partido voltar a ficar inteiro, nem fazer-te "descomer" o almoço!

Teorias Sobre o Universo Jovem: Alguns cientistas acreditam que, logo após o Big Bang, as leis do tempo podem ter sido diferentes.

Nos primeiros instantes do universo, o tempo podia ser "simétrico", capaz de se mover para a frente ou para trás. À medida que o universo se foi expandindo e arrefecendo, a entropia começou a aumentar, prendendo o tempo numa direção única: para a frente.

Existem até teorias que dizem que, em lugares muito estranhos, como dentro de buracos negros ou no multiverso (a ideia de que existem muitos universos), a seta do tempo pode comportar-se de modo diferente. Mas estas ideias ainda são, em grande parte, hipóteses. Não temos provas.

Conclusão: No dia a dia, o tempo não pode ser revertido. A desordem crescente do universo garante que o tempo avança.

Em sistemas minúsculos, em experiências quânticas, o tempo pode comportar-se de forma estranha durante um momento. Existem teorias loucas que imaginam lugares onde o tempo pode fluir de maneira diferente. Mas, por enquanto, o passado continua a ser passado, e nós seguimos firmes em direção ao futuro.

A ciência continua a fazer perguntas sobre a natureza do tempo, e descobertas futuras podem mudar o que sabemos. Mas, hoje, a seta do tempo aponta para a frente, e o leite entornado vai continuar no chão.

Causa e Efeito Estão Ligados ao Tempo

Na nossa vida de todos os dias, as coisas acontecem numa certa ordem. Atiras uma bola, e depois a bola voa pelo ar. Carregas no interruptor, e depois a luz acende. Esse padrão, em que um acontecimento faz outro acontecer, chama-se causa e efeito.

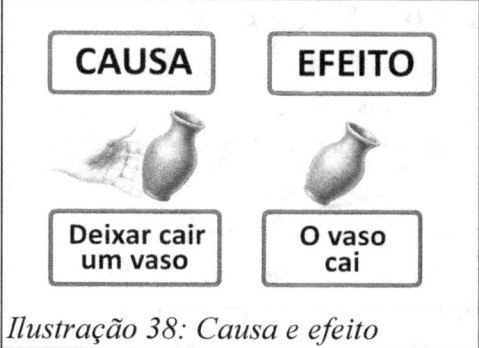

Ilustração 38: Causa e efeito

Causa e efeito estão profundamente ligados ao tempo. Na verdade, é o tempo que dá às coisas a ordem certa: primeiro acontece a causa, depois vem o efeito. Sem o tempo a andar para a frente, causa e efeito deixariam de fazer sentido.

O Que São Causa e Efeito?

Uma causa é algo que faz outra coisa acontecer. Um efeito é aquilo que acontece por causa disso. Aqui vão alguns exemplos:

> Empurras um copo para fora da mesa (causa) e ele cai e parte-se (efeito).
>
> Estudas muito para um teste (causa) e tiras uma boa nota (efeito).
>
> Um vulcão entra em erupção (causa) e cinzas enchem o céu (efeito).

Em todos os casos, a causa acontece primeiro e o efeito vem depois. O tempo cria uma direção clara: antes e depois.

Porque é que o Tempo é Importante para Causa e Efeito

Se o tempo não andasse numa direção, causa e efeito podiam ficar trocados. Imagina um copo a estilhaçar-se antes de alguém o tocar, ou a luz a acender antes de carregares no interruptor!

Isso seria confuso e quebraria as "regras" de como o universo normalmente funciona.

Os cientistas acreditam que a seta do tempo, a ideia de que o tempo anda do passado para o futuro, é aquilo que torna causa e efeito possíveis. Porque o tempo flui para a frente, as causas vêm antes dos efeitos, e o mundo faz sentido.

O Que Acontece no Estranho Mundo da Física Quântica?

No mundo minúsculo da física quântica, as coisas às vezes ficam esquisitas. Algumas experiências sugerem que, para partículas muito pequenas, causa e efeito nem sempre são simples.

Em certas situações, parece que o efeito acontece ao mesmo tempo que a causa, ou até que causa e efeito se misturam!

No entanto, quando fazemos "zoom out" para o mundo das pessoas, das árvores, dos oceanos e dos planetas, as regras de causa e efeito voltam ao normal. A razão é que, em sistemas grandes, o tempo mantém a sua direção para a frente, e tudo segue o padrão habitual: causa primeiro, efeito depois.

Conclusão

Causa e efeito dependem do tempo a andar para a frente.

> Primeiro acontece a causa.
>
> O tempo avança.
>
> Depois acontece o efeito.

Sem o fluxo do tempo, causa e efeito perderiam o significado. Graças ao movimento constante do tempo, o mundo continua arrumado e compreensível.

Mesmo que partículas minúsculas às vezes se comportem de maneira estranha, na nossa vida normal o tempo protege a regra importante: primeiro a causa, depois o efeito.

Tempo Cíclico

Quando pensamos em tempo, geralmente imaginamos que ele segue em linha reta: do passado, através do presente, até ao futuro. Esta ideia chama-se tempo linear.

Mas, ao longo da história, muitas culturas e pensadores acreditaram numa ideia diferente, chamada tempo cíclico, a crença de que o tempo se move em círculo, repetindo padrões vezes sem conta.

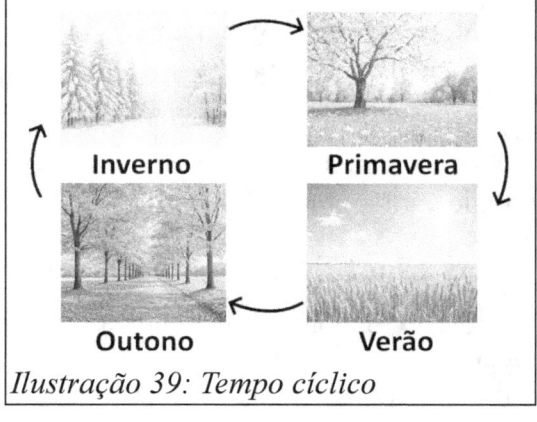

Ilustração 39: Tempo cíclico

No tempo cíclico, os acontecimentos não seguem apenas em frente para sempre. Em vez disso, o universo repete-se em ciclos infinitos, como as estações: da primavera para o verão, do verão para o outono, do outono para o inverno, e depois de volta à primavera.

Crenças Antigas Sobre o Tempo Cíclico

Muitas civilizações antigas acreditavam em tempo cíclico:

O hinduísmo antigo descreve o universo como passando por ciclos infinitos de criação, destruição e renascimento, chamados kalpas.

Os maias acreditavam num grande calendário cósmico em que o tempo passava por ciclos repetidos, influenciando o destino de povos e nações.

Os gregos falavam do "Grande Ano", um ciclo longo após o qual planetas e estrelas voltariam à sua posição original e os acontecimentos poderiam repetir-se.

Para estas culturas, o tempo era como uma roda gigante, sempre a girar, sem um verdadeiro começo ou fim.

Exemplos Naturais de Tempo Cíclico

Mesmo na natureza, vemos padrões cíclicos:

O dia e a noite repetem-se a cada 24 horas.

As estações seguem uma ordem regular, ano após ano.

O ciclo de vida de plantas e animais segue um padrão: nascimento, crescimento, morte e novo nascimento.

Estes padrões repetidos dão ritmo à vida, como os ponteiros de um relógio a girar em círculo.

Ideias Científicas Modernas Sobre Tempo Cíclico

Hoje, a maioria dos cientistas usa a ideia de tempo linear para estudar o universo. Mas algumas teorias modernas sugerem que o tempo pode ser cíclico de maneiras que ainda não entendemos. Por exemplo:

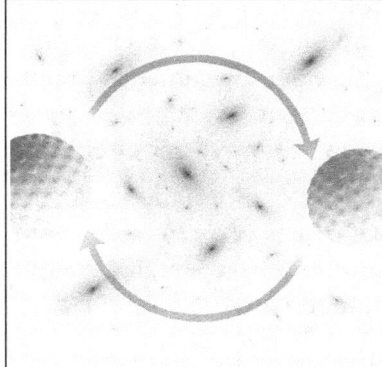
Ilustração 40: Teoria do Big Bounce

A Teoria do Big Bounce propõe que o universo possa passar por ciclos infinitos de Big Bangs e Big Crunches: expande, colapsa e depois volta a expandir.

Algumas teorias sobre buracos negros e inflação cósmica também deixam espaço para a possibilidade de que o tempo, em escala muito grande, possa comportar-se de forma repetitiva.

Estas ideias ainda estão a ser exploradas, e os cientistas ainda não provaram que o tempo é realmente cíclico em escala universal. Mas mostram que o mistério do tempo continua bem vivo na ciência de hoje.

Conclusão

Tempo cíclico é a ideia de que o tempo se move em círculos infinitos, com acontecimentos a repetir-se. Muitas culturas antigas acreditaram nisso, e vemos padrões cíclicos na natureza também.

Embora a ciência moderna normalmente trate o tempo como algo que avança em linha reta, novas teorias sugerem que o tempo pode, em condições especiais, comportar-se em ciclos pelo universo. Seja o tempo uma estrada reta ou uma roda em movimento, ele continua a ser um dos maiores mistérios do nosso mundo.

Tempo em Bloco: O Universo Está Congelado?

E se o tempo não fluísse realmente? E se só parecesse que flui?

Alguns cientistas acreditam que o tempo não é como um rio a correr do passado para o futuro. Em vez disso, descrevem uma ideia misteriosa chamada tempo em bloco. No tempo em bloco, passado, presente e futuro existem todos ao mesmo tempo, como um bloco gigante e imutável que contém todos os acontecimentos que já aconteceram e todos os que vão acontecer.

Ilustração 41: Tempo em bloco

Imagina uma banda desenhada. Cada quadradinho mostra um momento diferente: o herói a acordar, o vilão a roubar uma joia, a batalha final debaixo de chuva. Quando lês, passas de quadrado em quadrado, um momento de cada vez. Mas a história inteira já está lá, todas as páginas já estão desenhadas.

É isso que o tempo em bloco sugere sobre o universo: nós estamos apenas a "folhear" os quadradinhos, um a um, enquanto a história completa já existe.

Nesta visão, não há um "agora" mais real do que qualquer outro momento. Ontem, hoje e amanhã são igualmente reais. São a nossa mente, as nossas memórias e sentidos que fazem parecer que o tempo está a passar.

É um pensamento estranho. Se todos os momentos já existem, onde fica o nosso livre-arbítrio? Escolhemos mesmo o nosso caminho, ou estamos apenas a caminhar num caminho que já está desenhado? Alguns cientistas dizem que, mesmo que o tempo em bloco seja real, as nossas escolhas continuam a fazer parte desse bloco, nós escolhemos, mas sempre íamos escolher aquilo.

Uma consequência interessante do tempo em bloco: ele permite viagens no tempo sem paradoxos. Como todo o tempo está "congelado", nenhum paradoxo pode acontecer. Tudo já aconteceu, por isso nada pode acontecer que crie um paradoxo temporal.

O tempo em bloco não se parece com o que sentimos no dia a dia. Mas muitos físicos dizem que combina bem com as teorias de Einstein e com a forma como o universo parece funcionar. Não é fácil imaginar um universo congelado, onde tudo já "é". Mas, às vezes, a verdade é mais estranha do que aquilo que conseguimos imaginar.

E o tempo em bloco pode ser uma das verdades mais estranhas de todas. *Experimenta a Atividade do Tempo em Bloco na página 62.*

Como Relógios Muito Precisos Podem Distorcer o Tempo

O tempo já é estranho, mas fica ainda mais estranho quanto mais de perto olhamos.

Talvez penses que o universo tem um enorme relógio mestre a manter tudo sincronizado, como um maestro cósmico a marcar o ritmo para estrelas, planetas e pessoas. Mas os cientistas descobriram que isso não é verdade. O tempo não faz tique-taque da mesma forma para toda a gente. Ele pode esticar-se, encolher ou até dobrar, dependendo da velocidade e da gravidade.

Agora, os físicos foram um passo mais longe. Eles juntaram duas das ideias científicas mais importantes, a mecânica quântica (que explica como se comportam as partículas minúsculas) e a relatividade geral (que explica como a gravidade afeta o espaço e o tempo), para explorar algo estranho: quanto mais precisamente tentamos medir o tempo, mais podemos "baralhá-lo" à nossa volta.

Espera... quê?

Vamos voltar um pouco atrás. Na mecânica quântica, existe algo chamado Princípio da Incerteza de Heisenberg. Ele diz que não podes medir tudo com perfeição ao mesmo tempo. Por exemplo, se souberes exatamente onde algo está,

Ilustração 42: Relógio atómico a distorcer o tempo

ficas com menos certeza sobre a velocidade a que se move. Não é uma questão de ter uma lente melhor, é uma regra do universo. As coisas simplesmente funcionam assim.

Agora imagina um relógio capaz de medir fatias minúsculas de tempo, muito menores do que um segundo. Segundo estes cientistas, quanto mais preciso é o relógio, mais incerteza temos sobre a energia que ele está a usar. E a energia, graças à famosa equação de Einstein $E = mc^2$, está ligada à massa. E adivinha? A massa dobra o espaço e o tempo.

Eis a reviravolta: um relógio super preciso pode, na verdade, distorcer o tempo à sua volta, apenas um nadinha, o suficiente para desfocar o próprio tempo que está a tentar medir!

Claro, isto não é algo que o teu relógio digital ou o temporizador da cozinha vá fazer. Isto só importa em laboratórios superavançados, usando relógios atómicos tão precisos que conseguem medir mudanças de tempo de bilionésimos de segundo. Mesmo assim, esta ideia ajuda os cientistas a explorar um dos maiores mistérios de todos: o que é realmente o tempo.

Portanto, o teu dia de escola não vai acelerar nem abrandar só porque alguém ligou um cronómetro. Mas esta investigação mostra que o tempo não é nada simples. Ele é flexível, misterioso e está profundamente ligado à forma como o universo é construído.

E quanto mais tentamos agarrá-lo com precisão, mais ele parece escorregar por entre os nossos dedos.

Tempo Imaginário

Quando pensas em tempo, provavelmente imaginas algo que avança, segundo após segundo, hora após hora, como um relógio a fazer tique-taque. Isto chama-se tempo real, e é a forma como sentimos o tempo todos os dias.

Mas os cientistas também desenvolveram uma ideia diferente chamada tempo imaginário, um conceito que soa esquisito, mas que ajuda a explicar como o universo funciona, especialmente ao estudar coisas como buracos negros e o início do universo.

Tempo imaginário não é simplesmente "tempo de faz de conta". É uma ideia real usada em matemática e física muito avançadas. A palavra "imaginário" vem dos números imaginários da matemática, números que envolvem a raiz quadrada de menos um.

Como o Tempo Imaginário é Diferente?

No tempo real, vamos do passado para o presente e depois para o futuro. Há uma direção clara: ontem veio antes de hoje, e hoje vem antes de amanhã. O tempo imaginário é diferente:

> Não tem início nem fim bem definidos.
>
> Pode comportar-se mais como espaço do que como tempo real.
>
> Não tem uma "seta" clara a apontar do passado para o futuro.

Imagina que estás a andar à volta de um círculo. Não há um ponto especial de começo ou fim, podes continuar a andar para sempre. O tempo imaginário comporta-se mais como esse círculo, em que o tempo forma um laço suave e fechado em vez de uma linha reta.

Porque é que os Cientistas Usam Tempo Imaginário?

Cientistas como Stephen Hawking sugeriram o uso de tempo imaginário para ajudar a explicar problemas muito difíceis, como:

O que aconteceu antes do Big Bang?

No tempo real, parece que o tempo começou com o Big Bang. Mas, no tempo imaginário, pode não haver um "começo" de todo, apenas uma forma curva e suave, como a superfície de uma bola.

O que acontece dentro de buracos negros?

Buracos negros têm uma gravidade tão forte que dobram o tempo e o espaço de maneiras extremas. O tempo imaginário pode ajudar os cientistas a descrever estes ambientes estranhos, onde o tempo real e o espaço ficam todos entrelaçados.

Ao usar tempo imaginário nos seus cálculos, os cientistas conseguem compreender melhor as partes mais misteriosas do universo.

O Tempo Imaginário é Real?

Tempo imaginário é uma ferramenta que os cientistas usam para resolver problemas difíceis. Pode não ser algo que possamos sentir, como o tempo real.

Alguns cientistas acreditam que o tempo imaginário é apenas uma maneira útil de descrever como as coisas se comportam em condições extremas. Outros suspeitam que ele pode apontar para verdades mais profundas sobre a forma do universo.

Mesmo sem podermos passear pelo tempo imaginário, estudá-lo ajuda os cientistas a colocar grandes perguntas:

"Será que o tempo pode não ter começo?"

"Será que o universo pode existir sem um 'antes' e um 'depois' bem claros?"

Estas são algumas das maiores questões da ciência hoje.

Conclusão

Tempo imaginário é uma ideia fascinante em que o tempo se comporta mais como espaço e não tem um início nem um fim definidos.

Mesmo não fazendo parte da nossa experiência diária, ele ajuda os cientistas a explorar buracos negros, o Big Bang e os segredos mais profundos do universo.

O tempo imaginário mostra que, em ciência, às vezes são as ideias mais malucas que abrem as portas para as maiores descobertas.

O Tempo é Real?

Talvez já tenhas ouvido, de um professor de ciências muito fixe com meias de galáxias, ou de um convidado no jantar da tua tia que resolveu falar de buracos negros, que "o tempo não é real". Soa estranho, não soa? Parece algo que só a ficção científica teria coragem de dizer. Mas aqui está a reviravolta: alguns cientistas concordam.

Esta ideia vem de algo chamado Teoria B do tempo, e não é só um quebra-línguas, é um quebra-cabeças! A Teoria B diz que o tempo não está a fluir como um rio. Em vez disso, passado, presente e futuro existem todos igualmente, lado a lado, como fotografias num álbum cósmico. O que muda não é o tempo, és tu. A tua mente, as tuas memórias e os teus sentimentos é que fazem um momento parecer "agora" e outro "então".

Ilustração 43: Cérebro a observar o tempo

Nesta visão, o tempo é uma ilusão, não no sentido de não existir, mas no sentido de que a nossa experiência do tempo é moldada mais pelo cérebro do que pelo próprio universo. Tu sentes que o tempo está a passar, a fazer tique-taque, a mudar. Mas, do ponto de vista do universo? Talvez tudo simplesmente "seja": sem movimento, sem mudança, sem relógio.

Os físicos modernos levam isto a sério. Segundo a relatividade, o tempo não se comporta da mesma forma em todo o lado. Ele dobra-se perto de objetos massivos. Abranda quando te moves depressa. Depende de onde estás e de como te moves. Não existe um único relógio universal a fazer tique-taque para toda a gente.

Então, o tempo é real? Bem, depende do que queres dizer com "real".

É real para nós. Envelhecemos, fazemos festas de anos, lembramo-nos de ontem e planeamos o amanhã. Mas o universo pode ver o tempo de forma muito diferente. Pode não ver um começo, meio e fim.

Pode ver tudo ao mesmo tempo.

Capítulo 4 – Perceção do Tempo

Já reparaste como o tempo parece andar mais rápido quando te estás a divertir e mais devagar quando estás aborrecido? Mesmo que os relógios façam tique-taque sempre à mesma velocidade, a nossa experiência do tempo não é constante. Isso acontece porque a perceção do tempo, a forma como *sentimos* o tempo, é uma criação da nossa mente.

Neste capítulo, vais descobrir como o teu cérebro mede o tempo, o que afeta o teu sentido de tempo e porque é que momentos diferentes podem parecer mais longos ou mais curtos.

Como é que o Cérebro Mede o Tempo?

Ao contrário dos olhos, que veem a luz, ou dos ouvidos, que ouvem sons, o teu cérebro não tem um "órgão do tempo" especial. Em vez disso, várias partes do cérebro trabalham em conjunto para criar a sensação de que o tempo está a passar. Algumas das partes mais importantes são:

> **O Cerebelo**: Ajuda em intervalos curtinhos de tempo, como o tempo certo para apanhar uma bola.
>
> **Os Gânglios da Base**: Ajudam a medir períodos um pouco mais longos, como esperar alguns segundos antes de saltares para um jogo.
>
> **O Córtex Pré-frontal**: Ajuda-te a planear ações ao longo do tempo, como organizar os trabalhos de casa ou lembrar quanto tempo demoras a ir a pé até à escola.

Ilustração 44: Perceção do tempo

Estas partes do cérebro acompanham pequenos padrões e mudanças, como o bater do teu coração, o ritmo da tua respiração ou quantas vezes pestanejas. Ao "contar" estes sinais minúsculos, o cérebro constrói uma noção de quanto tempo passou.

Porque é que o Tempo às Vezes *Parece* Diferente?

Mesmo que os relógios andem sempre no mesmo ritmo, a perceção do tempo na tua mente pode acelerar ou abrandar. Várias coisas podem causar isso:

Atenção: Quando estás muito concentrado no que estás a fazer, o tempo costuma *parecer* passar depressa. Exemplo: Jogar o teu videojogo favorito pode fazer com que uma hora pareça apenas alguns minutos.

Quando estás aborrecido ou sem foco, reparas em cada segundo a arrastar-se. Exemplo: Estar sentado numa sala de espera pode fazer cinco minutos parecerem uma hora.

Emoções: Emoções fortes podem esticar ou encolher a tua sensação de tempo.

> Quando tens medo, o tempo pode parecer abrandar, porque o cérebro começa a recolher informação com mais cuidado.
>
> Quando estás feliz e entusiasmado, o tempo pode parecer correr, porque o cérebro está superocupado com atividades divertidas.

Idade: Pessoas mais novas muitas vezes sentem que o tempo anda mais devagar, porque quase tudo é novo. As novas memórias ficam "apertadas" umas às outras, fazendo o tempo parecer mais cheio e mais longo.

À medida que as pessoas envelhecem, a vida fica mais rotineira, e o cérebro forma menos memórias totalmente novas em cada dia. Isto faz com que o tempo pareça acelerar.

Rotina vs. Novas Experiências: Quando fazes a mesma coisa todos os dias, parece que o tempo passa mais depressa. Quando tens experiências novas, o tempo parece mais lento.

É por isso que férias ou dias especiais podem parecer muito mais longos e memoráveis do que dias normais de escola.

Como é que os Cientistas Estudam a Perceção do Tempo?

Os cientistas usam muitas experiências criativas para estudar como as pessoas percebem o tempo. Um método comum é pedir às pessoas para ouvirem um "bip" ou olharem para um relâmpago de luz e adivinhar quanto tempo durou.

Outro método é pedir às pessoas para estimarem quanto tempo um acontecimento demorou, sem olhar para nenhum relógio. Ao comparar as respostas, os cientistas descobrem como o nosso cérebro lida com períodos de tempo curtos e longos.

Os cientistas já descobriram até que animais diferentes percebem o tempo de maneiras diferentes. Por exemplo:

Uma mosca, que processa informação muito rapidamente, pode experimentar o mundo quase em "câmara lenta", comparado com os humanos.

Animais grandes e mais lentos podem sentir o tempo de forma mais "esticada" e calma.

Truques Especiais da Mente

Às vezes, o nosso cérebro prega partidas à forma como percebemos o tempo.

O efeito "oddball" (algo estranho): Se acontece algo surpreendente, como um barulho muito alto de repente, parece que dura mais tempo do que eventos normais.

Cronostase: Quando olhas rapidamente para um relógio de ponteiro, o ponteiro dos segundos pode parecer "parado" por um instante. Isto acontece porque o teu cérebro está a "preencher" o tempo durante aquele movimento rápido dos olhos.

Estes truques mostram que o tempo, tal como o sentimos, nem sempre é aquilo que parece!

Conclusão

O tempo não é só algo medido por relógios; também é moldado pelo teu cérebro, pela tua atenção, pelos teus sentimentos e pelas tuas memórias.

Embora o tempo físico, o tempo "real", continue a avançar de forma constante, a tua percepção do tempo é flexível. Ela pode esticar, encolher, acelerar ou abrandar, dependendo do que estás a fazer e de como te sentes.

Entender como percebemos o tempo lembra-nos que o tempo não é apenas um som mecânico de tique-taque, é uma experiência rica e misteriosa, que torna cada momento da nossa vida especial. *Vê a atividade Explora a Tua Perceção do Tempo pagina 78.*

Capítulo 5 – Viagem no Tempo

A viagem no tempo é uma das ideias mais empolgantes tanto na ciência como nas histórias de ficção. Muita gente sonha em viajar ao passado para ver dinossauros, ou ir ao futuro para testemunhar invenções incríveis. Mas será que a viagem no tempo é apenas uma fantasia divertida, ou poderia mesmo acontecer?

Neste capítulo, vais descobrir o que os cientistas pensam sobre viagem no tempo, como os filmes a imaginam, os problemas estranhos chamados paradoxos do tempo e como, de certa forma, já olhamos para o passado usando telescópios.

Ilustração 45: Viagem no tempo

Pensamento Científico sobre Viagem no Tempo

A viagem no tempo é um dos mistérios mais fascinantes da ciência. É a ideia de nos movermos não só através do espaço, mas do próprio tempo, saltando para um futuro distante ou escorregando para um passado esquecido. Muitas histórias de aventura imaginam máquinas poderosas ou portais estranhos que tornam a viagem no tempo possível. Mas o que é que a ciência realmente diz?

Os cientistas descobriram que o tempo não é algo separado do espaço; juntos, formam um grande tecido chamado espaço-tempo. Segundo a teoria da relatividade de Albert Einstein, o espaço-tempo não é rígido nem imutável. Ele pode dobrar-se, torcer-se e esticar-se sob a influência de objetos muito pesados, como estrelas e buracos negros. Também se pode deformar quando objetos se movem extremamente depressa, perto da velocidade da luz.

Esta curvatura do espaço-tempo abre uma pequena porta cintilante para a viagem no tempo, pelo menos para o futuro. Se alguém conseguisse viajar muito perto da velocidade da luz, o tempo para essa pessoa abrandaria em comparação com quem ficasse para trás. Este efeito estranho, chamado dilatação do tempo, significa que os viajantes poderiam regressar e descobrir que passou muito mais tempo para os outros do que para eles. De forma discreta, os astronautas a bordo da Estação Espacial Internacional vivem um bocadinho de viagem no tempo todos os dias, envelhecendo apenas um pouco mais devagar do que as pessoas na Terra.

Há uma forma limitada de "observar" o passado que a ciência já conseguiu. Telescópios modernos em órbita da Terra, incluindo o telescópio Hubble, espreitam para o passado distante. Como a luz viaja de uma galáxia para outra a cerca de 300 000 metros por segundo (186 000 milhas por segundo), a luz das galáxias muito distantes leva mil milhões de anos a chegar até nós. Quando olhamos para galáxias no outro extremo do universo observável, estamos a vê-las como eram há mil milhões de anos.

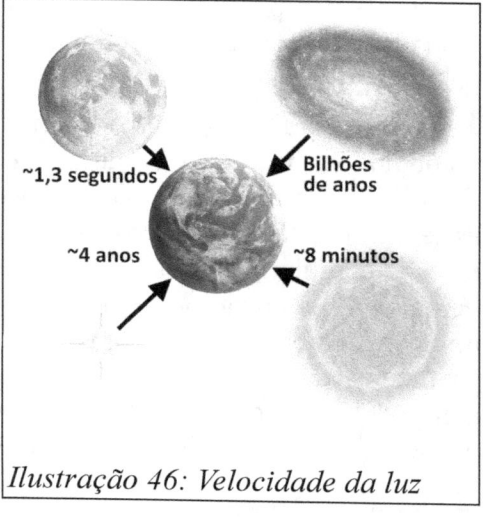

Ilustração 46: Velocidade da luz

A luz da Lua demora cerca de 1,3 segundos a chegar à Terra.

A luz do Sol demora cerca de 8 minutos.

A luz da estrela mais próxima (além do Sol) demora cerca de 4 anos.

A luz de galáxias distantes pode demorar mil milhões de anos a chegar até nós!

Hoje, a viagem no tempo para o futuro está a acontecer, embora apenas de formas minúsculas e quase invisíveis. Múons viajam quase à velocidade da luz. Quando os múons são criados por raios cósmicos na alta atmosfera, duram apenas cerca de 2,2 microssegundos (0,0000022 segundos). Mas, como viajam tão depressa, o tempo abranda para eles, e assim conseguem chegar à superfície da Terra antes de decaírem.

Já viajar para o passado continua a ser um sonho sombrio e incerto. Alguns cientistas perguntam-se se estruturas estranhas no universo, como buracos de verme, túneis através do tecido do espaço-tempo, poderiam ligar tempos distantes, e não só lugares distantes. Mas buracos de verme, se existirem, seriam frágeis e perigosos. Podiam colapsar antes de algo conseguir atravessá-los. Podiam exigir "energia negativa". Nunca fomos capazes de criar energia negativa. E mesmo que alguém encontrasse um modo de a usar, ainda haveria perigos complicados, como paradoxos temporais, em que pequenas mudanças no passado poderiam avançar pelo tempo e desfazer o futuro.

Viajar para o passado permanece escondido no nevoeiro do desconhecido. Os cientistas continuam a observar as estrelas, a estudar buracos negros e a fazer perguntas ousadas sobre a verdadeira natureza do tempo. Embora ninguém saiba ainda se os segredos profundos da viagem no tempo serão algum dia revelados, uma coisa é certa: o universo é mais estranho e maravilhoso do que conseguimos imaginar.

Ilustração 47: Conceito artístico de um buraco de verme

Cordas Cósmicas: Fios do Universo Primordial

Nos cantos mais distantes do pensamento científico, há sussurros sobre objetos estranhos chamados cordas cósmicas. Não são cordas como as de um novelo de lã, mas fios antigos e invisíveis que podem estender-se por todo o universo.

Os cientistas acreditam que as cordas cósmicas, se existirem, foram criadas momentos após o Big Bang, quando o universo era inimaginavelmente quente e denso. À medida que o universo se expandiu e arrefeceu, pode ter deixado para trás "fissuras" finas e poderosas no tecido do espaço-tempo, como rugas numa superfície que está a arrefecer. Essas fissuras podiam ter-se formado em objetos longos e estreitos: as cordas cósmicas.

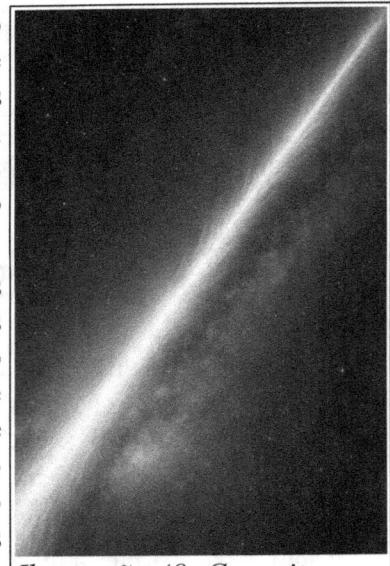

Ilustração 48: Conceito artístico de uma corda cósmica

Uma corda cósmica seria incrivelmente fina, mais fina do que um átomo, mas carregada de energia imensa. Na verdade, apenas um quilómetro de corda cósmica poderia pesar mais do que uma montanha!

E, porque teriam tanta massa e energia, as cordas cósmicas poderiam dobrar o espaço-tempo à sua volta, como uma barra muito pesada colocada em cima de uma cama faz o colchão afundar.

Esta curvatura do espaço-tempo é importante, porque levanta uma pergunta curiosa: será que as cordas cósmicas poderiam permitir viagens no tempo? Alguns cientistas sugeriram que, se duas cordas cósmicas passassem muito perto uma da outra, ou se uma corda cósmica se movesse quase à velocidade da luz, a curvatura do espaço-tempo poderia ser tão intensa que criaria laços no tempo. Um viajante poderia seguir um desses laços e regressar ao passado, ou saltar muito longe para o futuro.

No entanto, as cordas cósmicas continuam a ser um mistério. Ninguém encontrou, até hoje, provas diretas de que elas existam. São como lendas antigas escritas nas equações da física: possíveis, mas não confirmadas. Telescópios e instrumentos científicos vasculham o céu, à procura de sinais destes fios escondidos. Se forem reais, podem não só revelar segredos do universo primitivo, como também mostrar se o próprio tempo pode ser torcido e retorcido.

As cordas cósmicas lembram-nos que o universo pode ainda esconder muitos segredos, à espera, como um fio oculto, de ser descoberto por quem tiver coragem de olhar com atenção suficiente.

Filmes que Mostram Viagens no Tempo

Muitos filmes populares exploram a viagem no tempo de maneiras criativas e empolgantes. Aqui estão três dos meus favoritos:

Back to the Future (1985):

Back to the Future é um clássico de ficção científica e aventura que explora as possibilidades, e perigos, da viagem no tempo. A história segue Marty McFly, um adolescente que, por acidente, viaja de 1985 para 1955 usando uma máquina do tempo construída pelo seu amigo excêntrico, o Dr. Emmett "Doc" Brown. A máquina do tempo, disfarçada de carro desportivo, usa uma explosão de energia poderosa para romper a barreira do tempo.

Preso no passado sem maneira óbvia de voltar, Marty enfrenta uma crise: ele atrapalha sem querer os acontecimentos que levariam os seus pais a apaixonar-se. Se não conseguir reparar o passado, corre o risco de apagar a sua própria existência. Com a ajuda de uma versão mais jovem de Doc Brown, Marty tem de navegar pelo mundo estranho de 1955, corrigir os erros e encontrar uma forma de dar energia à máquina do tempo para regressar à sua época.

Ao longo do filme, *Back to the Future* mostra o equilíbrio delicado entre causa e efeito, os paradoxos de mudar a história e o espanto emocionante da viagem no tempo. Lembra-nos que até ações pequenas no passado podem ecoar pelo futuro, e que o tempo é uma força ao mesmo tempo empolgante e cheia de mistério.

Interstellar (2014):

Interstellar é um filme de ficção científica que explora a sobrevivência da humanidade entre as estrelas e as formas estranhas como o tempo pode comportar-se no universo. Num futuro em que a Terra está a tornar-se inabitável, o antigo piloto Cooper junta-se a uma missão ousada para encontrar um novo lar para a humanidade. Ele viaja com uma equipa de cientistas através de um misterioso buraco de verme perto de Saturno, um atalho para galáxias distantes.

À medida que exploram mundos alienígenas, a tripulação encontra um dos mistérios mais profundos do universo: o tempo não passa da mesma maneira em todo o lado. Num planeta perto de um buraco negro gigantesco chamado Gargantua, a gravidade é tão forte que o tempo abranda dramaticamente. Por cada hora passada à superfície desse planeta, passam-se sete anos para quem está longe dali.

Este fenómeno, chamado dilatação gravitacional do tempo, separa Cooper da sua família de formas de partir o coração. O que para ele parece uma missão relativamente curta transforma-se em décadas inteiras para quem ficou na Terra. Mais tarde na história, Cooper aproxima-se ainda mais do buraco negro, onde o tempo e o espaço se torcem e dobram de maneiras estranhas, permitindo-lhe influenciar o passado de formas que parecem quase mágicas.

Através da sua história dramática, *Interstellar* mostra como a viagem no tempo pode acontecer naturalmente por causa das leis da física, não por máquinas mágicas, mas pela curvatura extrema do espaço-tempo. O filme convida-nos a imaginar um universo em que passado, presente e futuro estão entrelaçados de formas que ainda estamos a aprender a compreender.

The Adam Project (2022):

The Adam Project é uma aventura de ficção científica que explora o poder da viagem no tempo para curar o passado e moldar o futuro. A história começa quando Adam Reed, um piloto de combate viajante do tempo vindo do ano 2050, se despenha em 2022 enquanto tenta salvar o futuro de um desastre. Ferido e em fuga, ele une forças com o seu eu de 12 anos: um miúdo inteligente, desajeitado e ainda a lidar com a morte do pai.

Juntos, os dois Adams têm de enfrentar inimigos vindos do futuro e viajar ainda mais para trás no tempo para encontrar o pai, um cientista brilhante que, sem saber, inventou a viagem no tempo. A missão deles não é apenas impedir que a viagem no tempo seja usada de forma errada, mas também reparar as relações partidas que definiram as suas vidas.

Ao longo do filme, *The Adam Project* mostra que a viagem no tempo não é só sobre visitar outros anos; é sobre as consequências das nossas escolhas e a possibilidade de redenção. Loops temporais, paradoxos e o peso emocional de encontrar versões mais novas e mais velhas de nós próprios entrelaçam-se numa história que mostra o quão profundamente passado, presente e futuro estão ligados.

O Paradoxo da Viagem no Tempo

Um dos maiores problemas da viagem no tempo é algo chamado paradoxo. Um paradoxo acontece quando duas coisas não podem ser verdade ao mesmo tempo.

Um paradoxo famoso é o Paradoxo do Avô:

Ilustração 49: Paradoxo do avô

> Imagina que viajaste ao passado e impediste o teu avô de conhecer a tua avó.
>
> Se eles nunca se encontrassem, o teu progenitor nunca nascia, e tu também não!
>
> Mas, se nunca nasceste, como é que viajaste ao passado em primeiro lugar?

Esta situação confusa mostra porque é que viajar ao passado pode criar problemas que não fazem sentido lógico.

Os cientistas já sugeriram possíveis "escapatórias" para estes paradoxos, como a ideia de universos paralelos, em que mudar o passado cria uma nova linha temporal em vez de alterar aquela de onde vieste. Mas estas ideias ainda são apenas teorias.

Viagem no Tempo com Telescópios

Embora não possamos saltar para dentro de uma máquina do tempo, os cientistas têm uma forma real de olhar para o passado: usando telescópios!

A luz viaja muito depressa. cerca de 186 000 milhas por segundo, mas o espaço é tão enorme que a luz ainda precisa de tempo para chegar até nós. Por exemplo:

> A luz da Lua demora cerca de 1,3 segundos a chegar à Terra.
>
> A luz do Sol demora cerca de 8 minutos.
>
> A luz da estrela mais próxima (além do Sol) demora cerca de 4 anos.
>
> A luz de galáxias distantes pode levar mil milhões de anos a alcançar-nos!

Quando olhas através de um telescópio para uma galáxia distante, não a estás a ver como ela é agora. Estás a vê-la como era quando a luz saiu de lá, há mil milhões de anos.

Desta forma, os astrónomos estão literalmente a olhar para trás no tempo.

Conclusão

A viagem no tempo é uma das ideias mais emocionantes da ciência e da imaginação. Os cientistas descobriram maneiras de o tempo se esticar e abrandar, e já pensaram em conceitos como buracos de verme e cordas cósmicas.

Os filmes dão vida à viagem no tempo, mostrando tanto as suas maravilhas como os seus perigos, incluindo paradoxos estranhos que poderiam surgir se alterássemos o passado.

E, mesmo hoje, quando olhamos para as estrelas, estamos a ver profundamente a história do universo, uma prova de que, de certa forma, a viagem no tempo já é real.

Os mistérios da viagem no tempo continuam a inspirar cientistas e sonhadores. Quem sabe que descobertas futuras nos esperam?

Capítulo 6 – Pensamentos Estranhos sobre o Tempo

O Futuro Já Existe?

Quando pensas no futuro, provavelmente imaginas algo que ainda não aconteceu, como o próximo fim de semana, o teu próximo aniversário ou aquilo que vais ser quando cresceres. Mas alguns cientistas acreditam que o futuro pode já estar lá, à espera, tal como o passado.

Esta ideia vem de um pensamento estranho chamado **"universo-bloco"**. Nesta visão, o tempo é como uma paisagem gigante e congelada. O passado, o presente e o futuro existem todos ao mesmo tempo, como páginas de um livro. Tu lês uma página de cada vez, mas todas as páginas já estão lá, até o final da história.

Neste mundo congelado do tempo, aquilo a que chamamos "agora" é apenas a parte por onde a nossa mente está a passar. Tu estás aqui, nesta página, a ler estas palavras, mas a página com o teu próximo pensamento, a tua próxima gargalhada ou o teu próximo sonho pode já estar "escrita".

É uma ideia misteriosa. Se o futuro já existe, isso significa que está tudo decidido? Ou continuamos a fazer escolhas à medida que avançamos? Essa é uma pergunta que ninguém consegue responder completamente. Mas lembra-nos de que o tempo pode ser muito mais misterioso do que um simples tique-taque, e que o futuro talvez esteja mais perto do que pensamos.

Viver em Espaço-Tempo

Somos criaturas de espaço-tempo, presos ao seu tecido em movimento como dançarinos apanhados numa corrente invisível. Cada passo que damos não é apenas um movimento no espaço, é também um avanço no tempo. Tomamos o pequeno-almoço na mesa da cozinha (um lugar), às 7h30 da manhã (um momento). O mundo faz sentido assim. As árvores crescem, as estrelas queimam, as pessoas envelhecem, não apenas *em algum lugar*, mas *em algum momento*. Espaço e tempo estão entrelaçados como fios numa tapeçaria, um não faz sentido sem o outro.

Mas e se pudéssemos separar esses fios?

O que seria do tempo sem um espaço onde as coisas acontecem? O que seria do espaço sem tempo para nos movermos dentro dele? E, mais misterioso ainda, e se ambos desaparecessem? À nossa frente estão perguntas estranhas e possibilidades ainda mais estranhas. O espaço-tempo é apenas o começo.

E se Vivêssemos num Espaço sem Tempo?

Imagina um lugar onde nada nunca muda. Tu flutuas num espaço infinito, silencioso, imóvel. À tua volta há estrelas, planetas e cometas, mas estão congelados como estátuas. Um pássaro a bater as asas? Impossível. Uma flor a desabrochar? Nunca. Nesse mundo, existe espaço, mas não existe tempo.

Sem tempo, nada se mexe. Não poderias andar, pestanejar ou sequer pensar, porque todas essas coisas acontecem ao longo do tempo. Mesmo os teus pensamentos ficariam congelados no início, sem nunca avançar. Se quisesses apanhar uma pedrinha do chão, não conseguirias, a tua mão nunca terminaria o movimento. Na verdade, nem sequer começaria a mexer-se.

É uma ideia estranha, não é? Um lugar cheio de formas, cores e distâncias, mas sem movimento, sem histórias, sem "antes" nem "depois". Espaço sem tempo é como um livro em que todas as páginas estão coladas: a história existe, mas nunca pode ser lida.

E, mesmo assim, alguns cientistas perguntam-se se, no início de tudo, o universo não terá começado assim: espaço à espera de o tempo arrancar.

Ou talvez todos os movimentos, todos os acontecimentos existam num único grande "agora". Em qualquer ponto do espaço, toda a história desse lugar, todo o futuro desse lugar está a acontecer o tempo todo. Será que conseguiríamos ver eventos individuais, mesmo que todos os acontecimentos estivessem misturados naquele ponto do espaço?

Mais um pensamento sobre espaço sem tempo: se vivêssemos num espaço sem tempo e conseguíssemos observar o espaço-tempo, conseguiríamos ver todo o fluxo de acontecimentos no espaço-tempo de uma só vez? Aquilo que, para alguém a viver em espaço-tempo, é passado, presente e futuro?

E se Vivêssemos no Tempo sem Espaço?

Agora imagina o contrário: o tempo existe, mas o espaço não. Não há esquerda nem direita, nem cima nem baixo, nenhum lugar para onde ir ou crescer. Não estás sentado numa cadeira, nem de pé num quarto, nem a flutuar entre as estrelas, porque não há sítio nenhum para estar.

Mas o tempo continua a passar. Tique. Tique. Tique.

Os pensamentos talvez ainda acontecessem. Podias lembrar-te de algo e depois esquecê-lo. Podias sentir alegria e depois aborrecimento. Uma melodia podia desenrolar-se na tua mente, nota a nota. Mas sem piano, sem ar, sem som. Não verias nada, porque ver precisa de espaço. Mas talvez... *sentisses* coisas. Coisas calmas. Coisas parecidas com sonhos.

Tempo sem espaço é como uma música sem instrumento, como uma história sussurrada sem palco. Tudo muda, mas nada se move.

Será que algo assim poderia mesmo existir? Alguns cientistas pensam que, bem no interior de certos buracos negros, o espaço se amassa e desaparece. Mas o tempo, de alguma forma misteriosa, pode continuar.

E se Vivêssemos sem Espaço nem Tempo?

Agora dá o último salto: imagina que não há espaço e não há tempo. Sem "aqui". Sem "agora". Sem "antes". Sem "depois". Nada é grande ou pequeno, perto ou longe. Nada é cedo ou tarde. Não há lugar para estar, nem momento para existir.

É difícil de imaginar, talvez até impossível. Porque tudo o que conhecemos precisa de espaço ou de tempo. O nosso corpo precisa de espaço para se mexer. Os nossos pensamentos precisam de tempo para se formar. Sem espaço e tempo, não há relógios, nem passos, nem estrelas, nem histórias.

Não é escuro. Não é silencioso. Não é *nada*. Porque "escuro" e "silencioso" precisam de espaço. Mesmo a palavra "nada" parece alguma coisa — mas isto é menos do que isso.

Alguns cientistas acreditam que foi assim que o universo começou. Não uma faísca no escuro, mas um silêncio tão profundo que nem tempo havia para começar, nem espaço para ecoar. E então, de alguma forma, a partir desse vazio absoluto, nasceram o espaço e o tempo.

E, com eles, tu.

Experimenta a atividade Sem Espaço, Sem Tempo na página 63.

Atividades de Aprendizagem

Experiências Mentais

Atividade do Tempo dos Gémeos

A Situação

Imagina que existem gémeos chamados Zara e Alex. Eles têm exatamente a mesma idade e vivem na Terra. Um dia, Alex entra numa nave super-rápida e dispara pelo espaço quase à velocidade da luz. Zara fica na Terra, a fazer coisas normais: passear o cão, lavar os dentes, ir à escola.

Ilustração 50: Paradoxo dos gémeos

Agora vem a parte estranha: a viagem de Alex dura 18 anos do ponto de vista da Zara. Mas, para Alex, ele só envelhece 1 ano.

O que foi que aconteceu?

Isto chama-se *Tempo dos Gémeos* (também conhecido como paradoxo dos gémeos), e não é um erro de conta. É algo real que acontece na física, baseado na teoria da relatividade especial de Albert Einstein.

A teoria diz: **"Quanto mais rápido te moves no espaço, mais devagar te moves no tempo."**

Como Alex estava a mover-se super-rápido, o tempo abrandou para ele. Ele continuou a sentir-se normal (comeu, piscou os olhos, dormiu), mas o "relógio" dele andava mais devagar do que o relógio da Zara na Terra.

Quando se reencontram, Zara tem 30 anos. Alex só tem 13. Já não têm a mesma idade!

A Tua Missão: Imagina que És um dos Gémeos

Escolhe o teu papel:

Opção A: Tu és o Alex

Como é sentir-se a voar pelo espaço? Como seriam as estrelas vistas da tua nave? Como seria a tua vida a viver numa nave espacial?

Sabes que o tempo está a abrandar para ti?

Como te sentes quando voltas e descobres que a Zara envelheceu muito mais do que tu?

Opção B: Tu és a Zara

No que pensas enquanto o Alex está longe?

Como é ver o teu gémeo voltar mais novo, enquanto tu envelheceste?

Parece-te "justo"?

Desenha ou Escreve a Tua Experiência

- Cria uma entrada de diário do ponto de vista de cada gémeo.
- Desenha dois relógios: um na Terra e outro na nave espacial. Mostra como eles andam de forma diferente.
- Escreve uma pequena banda desenhada ou história sobre o momento em que eles se reencontram.

Perguntas para Pensar

O tempo é "justo"?

Se pudesses fazer uma viagem como a do Alex, farias? Porquê?

Achas que viagem no tempo para o futuro é possível?

O que Aprendeste

- O tempo não é igual para toda a gente. Depende da velocidade a que te moves.

Atividades de Aprendizagem

- O universo não tem um "relógio mestre" único.
- Mesmo parecendo ficção científica, isto já foi testado com relógios atómicos super-precisos em aviões!

Da próxima vez que alguém disser "O tempo voa", podes responder: "Na verdade, ele estica e encolhe, dependendo da tua velocidade e da gravidade!"

Atividade do Tempo em Bloco

Alguns cientistas acreditam que o tempo não flui de verdade. Em vez disso, todos os momentos (passado, presente e futuro) já existem, como imagens num álbum de fotografias. Nós sentimos que o tempo avança, mas, na realidade, estamos apenas a viver um momento de cada vez.

Isto chama-se Tempo em Bloco: a ideia de que o universo inteiro é como um bloco congelado onde cada acontecimento tem o seu lugar.

A Tua Missão: Imagina a Vida num Universo Congelado

Vamos começar a tua experiência mental.

Ilustração 51: Flipbook da vida dela

Passo 1: Imagina um Flipbook da Tua Vida

Imagina a tua vida como um flipbook, aqueles livrinhos em que os desenhos ganham vida quando passas as páginas depressa. Cada página é um momento: escovar os dentes, andar de bicicleta, apagar as velas do bolo. Escreve ou desenha 5 "páginas" do teu dia, como fotografias congeladas no tempo.

Passo 2: Agora... Pára de Folhear o Livro

Imagina que estás a segurar o livro fechado. Todos os momentos estão lá: manhã, tarde e noite. Mas tu não estás a folhear. Eles não desaparecem, apenas estão ali, lado a lado.

Pensa nisto:

Se todos os momentos já existem, então... o que faz o "agora" parecer agora?

Estás a viajar no tempo ou apenas a experimentar uma "fatia" de cada vez?

Passo 3: Caminha pelo Corredor dos Momentos.

Fecha os olhos e imagina que estás a andar por um corredor. Nas paredes há janelas brilhantes. Cada janela mostra um momento da tua vida, alguns do passado, outros do futuro.

Pára numa janela: talvez o teu último aniversário. Caminha mais e vês: o teu primeiro dia no secundário. Todos esses momentos já estão lá, só que tu ainda não olhaste para alguns.

Passo 4: Faz Grandes Perguntas

Se o futuro já existe, será que ainda fazemos escolhas? Estamos a descobrir a história da nossa vida ou apenas a representá-la como atores num palco? Se um momento nunca "desaparece", ele está mesmo no passado?

Escreve os teus pensamentos. Não há respostas erradas. Esta é a tua viagem pelo tempo!

Atividade Sem Espaço, Sem Tempo

Não é só "sem coisas". Não é só "sem pessoas". É sem espaço e sem tempo *nenhum*. Este pode ser o experimento mental mais difícil de todos, porque o teu cérebro foi feito para perceber espaço (onde as coisas estão) e tempo (quando as coisas acontecem). Mas agora vamos imaginar um universo onde não existe nem um, nem o outro.

Pronto? Vamos para além da imaginação.

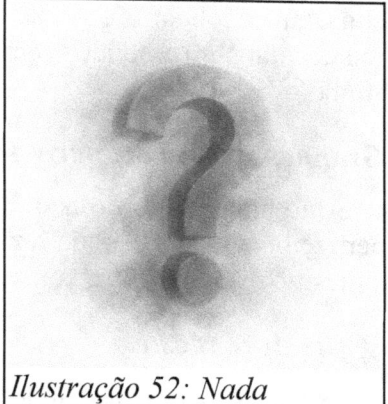
Ilustração 52: Nada

Passo 1: Fecha os Olhos

Arranja um sítio calmo. Fecha os olhos. Respira fundo. Agora imagina... Sem céu. Sem chão. Sem esquerda, direita, cima ou baixo. Sem "antes". Sem "depois". Só... imobilidade. Mas não a imobilidade de um quarto silencioso. Mais fundo do que isso. Não há quarto nenhum.

Passo 2: Tenta Imaginar o "Nada"

Isto é difícil, porque o teu cérebro vai tentar dar forma a esse nada: talvez um espaço preto ou uma névoa vazia. Mas preto é uma cor, e névoa ocupa espaço. Tenta imaginar nem sequer isso. Pergunta-te: Como é que o "nada" se parece? (Resposta: não se parece.) Alguma coisa pode existir sem tempo para mudar ou espaço para estar? Tu poderias existir num lugar sem espaço nem tempo?

Passo 3: Imagina um Pensamento a Aparecer

Agora finge que surge um único pensamento minúsculo. Um pontinho de consciência. Talvez sejas tu, talvez não. Ele não se mexe, porque não há para onde se mexer. Não muda, porque não há tempo para mudar. Ele simplesmente... é. Pensa: Esse ponto é "real" se não pode mudar, nem fazer nada? Está preso para sempre? Ou está fora de qualquer "para sempre"?

Passo 4: Escreve ou Desenha a Tua Experiência

Mesmo sem espaço e tempo, tu acabaste de imaginar isso tudo. Tenta escrever algumas linhas a descrever como foi. Foi calmo? Assustador? Confuso? Sentiste vontade de inventar espaço ou tempo só para conseguir explicar o que estavas a imaginar? Desenha um símbolo para representar um mundo sem espaço nem tempo. Como seria esse símbolo?

Grandes Perguntas para Acabar

Algo pode surgir do nada? Se o nosso universo começou sem espaço nem tempo... o que é que fez o espaço e o tempo começarem? O "nada" é mesmo nada, se nós o conseguimos imaginar?

O que Aprendeste

Espaço e tempo são tão normais para nós que é quase impossível imaginar a vida sem eles. Alguns cientistas acreditam que o universo começou com este tipo de "nada", e só depois surgiram espaço e tempo. Mesmo imaginar o impossível ajuda-nos a perceber a realidade de forma mais profunda.

Atividade do Tempo ao Contrário

E se o Tempo Não Andasse Para a Frente?

E se, em vez de acordares, lavares os dentes e ires para a escola, tu "deslavasses" os dentes, fosses para a cama ao nascer do sol e ficasses mais novo todos os dias?

Este é um experimento mental sobre tempo ao contrário. Vamos imaginar um mundo onde tudo acontece de trás para a frente.

Ilustração 53: Tempo ao contrário

Passo 1: Rebobina o Teu Dia

Fecha os olhos. Pensa em todo o teu dia, desde agora até ao momento em que acordaste. Agora imagina tudo a acontecer ao contrário: Tomas o pequeno-almoço… e a comida voa da tua boca de volta para o prato. Caminhas de costas até à escola, a falar frases ao contrário. "Desaprendes" tudo o que o professor disse e o teu lápis "des-escreve" o teu TPC.

Desenha uma BD com 3 coisas que fazes no dia, mas invertidas! Por exemplo, o leite a voltar para o pacote ou saltar do chão para acabar em cima da cama.

Passo 2: Ficar Mais Novo

Agora imagina a tua vida toda ao contrário. Em vez de cresceres, vais "encolhendo". Ficas mais baixo, a tua voz fica mais fininha, e um dia "des-apagas" as velas do teu primeiro bolo de aniversário. No fim, regressas ao útero… e depois deixas de existir antes de nascer.

Pergunta-te: Continuarias a sentir-te "tu" se ficasses mais novo todos os dias? Irias "lembrar-te" do amanhã como hoje te lembras de ontem?

Passo 3: Um Mundo ao Contrário

Inventa um mundo em que toda a gente vive ao contrário. As gotas de chuva sobem para as nuvens. As pessoas começam velhas e ficam mais novas.

O sol nasce no oeste e põe-se no leste. Escreve um parágrafo a descrever um dia nesse mundo invertido. Solta a imaginação! O que Dizem os Cientistas. Aqui vem a parte fixe: as leis da física funcionam da mesma maneira para a frente e para trás no tempo. Uma equação não "se importa" para que lado o tempo corre!

Então porque sentimos o tempo a ir sempre para a frente? A resposta está numa palavra: entropia, a tendência do universo para ficar mais desarrumado.
Ovos partem-se, gelo derrete, castelos de areia caem. Não acontece o contrário. Se a entropia fosse ao contrário... será que poderíamos viver "ao contrário"?

Passo 4: Imagina Universos Gémeos

Imagina dois universos em que, num deles, o tempo corre ao contrário em relação ao outro. As pessoas de algum dos universos sabiam que estão "ao contrário" em relação ao outro? Escreve como um universo poderia parecer a alguém vindo do outro.

Perguntas para Pensar

Os teus pensamentos também correriam ao contrário? Uma pessoa "ao contrário" conseguiria saber que vive ao contrário? Se visses um copo partir-se e logo a seguir juntar-se de novo sozinho, isso seria mágico... ou normal nesse mundo?

O que Aprendeste

Em teoria, o tempo podia correr ao contrário. A nossa experiência de "tempo para a frente" está ligada à forma como a energia se espalha (entropia). Pensar o tempo ao contrário ajuda-nos a perceber melhor porque vivemos para a frente.

Atividade do Tempo em Pausa

Imagina isto: estás a meio de atar os atacadores, a dar uma dentada na sandes ou a rir-te de uma piada... e de repente... o tempo pára. Não só para ti. Para tudo.

Nenhum relógio anda. O vento não sopra. Os pássaros não batem as asas. Nenhum pensamento se mexe. Nem a luz viaja.

Como seria isso? Alguma coisa poderia acontecer?

Vamos explorar.

Passo 1: Congela o Mundo

Fecha os olhos e imagina o mundo à tua volta completamente congelado: Uma folha parada no ar. Um pé suspenso, quase a tocar no chão. Uma gota de água parada no meio do salpico.

Agora pergunta-te: "Consigo mexer-me?" Se consegues, então o tempo não parou realmente para ti. Se não consegues, nunca irias saber que o tempo parou, porque o teu cérebro também estaria congelado!

Ilustração 54: Tempo em pausa

Escreve ou desenha um momento congelado no tempo. Que detalhes estariam presos nesse instante?

Passo 2: Imagina que te Mexes no Tempo Congelado

Agora vamos fingir que tu és a única pessoa que se move enquanto o tempo está parado (tipo super-herói!). Caminhas por entre tudo o que está congelado. Tentas pegar num objeto. Mas espera! Os átomos precisam de tempo para reagir. Será que o objeto reage ao teu toque?

Pergunta-te:

- Consegues respirar se as moléculas de ar não se mexem?
- Consegues ver se a luz não está a viajar até aos teus olhos?
- Consegues pensar se o teu cérebro precisa de tempo para funcionar?
- Como o toque precisa que o objeto "empurre de volta", será que conseguirias sentir o objeto? Ou a tua mão passaria através dele porque ele não consegue responder?

Spoiler: Se o tempo parar mesmo a sério, nada pode acontecer, nem pensamentos.

Passo 3: O Tempo Volta a Andar

Agora imagina que o tempo recomeça de repente.

A folha continua a cair.

A gargalhada do teu amigo continua a meio.

Atividades de Aprendizagem

O teu pé, ainda em movimento, toca finalmente no chão.

Irias lembrar-te da pausa?

Se o tempo parou para tudo, incluindo a tua memória, não saberias que aconteceu. A não ser que estivesses fora do tempo... como um viajante do tempo.

Descreve com palavras como seria o primeiro segundo quando o tempo voltasse.

Atividade do Tempo em Pausa 2

õe um filme a dar (ou vê um em streaming). Começa a ver (ação, comédia, mistério, o que quiseres). Agora o truque: em momentos aleatórios, carrega em *pausa*.

Olha com atenção para o ecrã: Talvez alguém tenha a boca aberta a meio de uma frase. Talvez uma sobrancelha esteja levantada a meio. Uma mão pode estar a flutuar no ar como se se tivesse esquecido do que ia fazer.

Toda a gente está congelada, mas não como estátuas. Mais como se tivessem sido apanhados de surpresa! O divertido é que, mesmo com o filme parado, a tua imaginação continua a mexer-se: Consegues adivinhar o que iam fazer a seguir? O que é que acabou de acontecer? Quando o tempo "pausa", temos um vislumbre de fatias estranhas, engraçadas ou misteriosas da vida. É como apanhar o tempo distraído!

Grandes Perguntas para Pensar

O tempo pode parar sem que tudo pare também? "Pausa" é mesmo possível, ou o tempo tem de fluir sempre? Se pudesses pausar o tempo e ainda te mexeres, isso seria magia ou ciência? E se o tempo pausar mesmo, tu irias saber?

E Ainda...

E se o tempo tirasse minissestas, e nós nunca déssemos por isso?

Vivemos dentro do espaço-tempo, como peixes dentro de água. Se o tempo parasse, mesmo por um piscar de olhos, tudo pararia com ele. A tua respiração? Congelada. O ar? Imóvel. Mas tu não te importarias, porque também estarias em pausa. Sem pensamento, sem tique, sem movimento.

Talvez, só talvez, o tempo carregue no botão de pausa muitas vezes.

Mas se tudo pausa ao mesmo tempo... quem é que fica para notar?

O que Aprendeste

O tempo não é só uma coisa que vemos no relógio, é o motor da realidade. Se o tempo parasse mesmo, até a luz, o movimento e o pensamento congelariam. Pausar o tempo parece divertido... mas pode ser o mesmo que desaparecer por um bocadinho.

Atividade do Tempo Discreto

Objetivo:

Perceber o que é tempo discreto, representando eventos que só podem acontecer em momentos separados, como segundos a marcar num relógio.

O que precisas:

- Um cronómetro ou temporizador que apite a cada segundo (ou um amigo com relógio).
- Um espaço grande (quintal, ginásio ou sala).
- Papel e lápis.

Ilustração 55: Tempo discreto

Monta o Cenário

Pensa no tempo como um conjunto de pontos numa linha, e não como um fluxo suave. Cada segundo é um novo "tique", um momento em que algo pode acontecer, mas nada acontece entre esses momentos.

Jogo do Movimento

Quando o cronômetro começar, você vai se mexer um pouquinho a cada segundo. Você só pode se mexer no segundo. Entre um segundo e outro? Congele como uma estátua.

Desafio da Frase de Uma Letra:

Quando o temporizador começa, tu vais mexer-te um bocadinho a cada segundo. Só podes mexer-te no segundo. Entre segundos? Ficas congelado como uma estátua. Desafio da Frase de Uma Letra Enquanto te mexes, também vais construir uma frase, mas com uma regra: só

Atividades de Aprendizagem

podes dizer uma letra por segundo. Tenta "dizer" uma frase, uma. Letra. de. cada. vez. Pronuncia a letra como ela é na palavra.

Por exemplo:
> 1st segundo: "E"
> 2nd segundo: "u"
> 3rd segundo: " "
> 4th segundo: "e"
> 5th segundo: "s"
> 6th segundo: "t"
> 7th segundo: "o"
> 8th segundo: "u"
> 9th segundo: " "
> 10th segundo: "a"
> 11th segundo: "q"
> 12th segundo: "u"
> 13th segundo: "i"
> → "Eu estou aqui" (ou outra frase que inventares).

Observa Como o Tempo Funciona

Repara como não podes "misturar" letras ou acelerar, cada uma vive no seu próprio momento. Isso é tempo discreto: Sem "entre-meio", sem transição suave, só: tique. tique. tique.

Pergunta para refletir:

Como seria diferente se pudesses dizer parte de uma letra entre os tiques? Ainda seria tempo discreto?

Experiências Simples

Atividade do Relógio de Pau

Um Relógio Sem Engrenagens

Sim, é real. Muito antes de existirem telemóveis ou relógios de pulso, as pessoas olhavam para o céu para saber as horas. E tu também podes fazê-lo com apenas um pau, um pouco de sol e um bocado de paciência.

Esta ferramenta chama-se relógio de sombra, e permite-te ler o tempo diretamente da dança da Terra à volta do Sol.

O que vais precisar:

- Um pau direito, mais ou menos do tamanho do teu braço.
- Um espaço aberto e ensolarado (relva, terra ou areia são ideais).
- Pedrinhas ou marcadores para assinalar as sombras.
- Um caderno ou folha para registar observações.
- Opcional: uma bússola para encontrar direções.

Ilustração 56: Relógio de pau

Passo 1: Espeta o Pau

Começa de manhã (por volta das 9h, se possível). Escolhe um sítio plano e ensolarado onde a sombra do pau não seja tapada. Espeta o pau na terra para ficar o mais vertical possível. À volta, limpa um espaço de pelo menos um metro em todas as direções. Parabéns: acabaste de criar uma máquina muito antiga, um "relógio de sol disfarçado".

Passo 2: Marca as Sombras

Agora começa a magia. Em diferentes momentos do dia, observa a sombra do pau. Coloca uma pedrinha na ponta da sombra. Escreve a hora ao lado (vê num relógio). Faz isto todas as horas (10h, 11h, 12h...) até à tarde.

Vais reparar numa coisa estranha: A sombra move-se em círculo. Não é ao acaso, segue um caminho com sentido.

Passo 3: Lê o Relógio do Sol

Depois de algumas marcações, vais notar: A sombra é mais longa de manhã e ao fim da tarde. Fica mais curta por volta do meio-dia, quando o sol está mais alto. Essa sombra mais curta aponta para norte no hemisfério norte, e para sul no hemisfério sul. O conjunto de pedrinhas torna-se num mostrador natural, onde cada ponta de sombra marca uma hora.

O Sol parece estar a mover-se pelo céu. Mas será mesmo? Ou és tu e a Terra que estão a girar?

Passo 4: Torna-te Leitor do Tempo

No dia seguinte, tenta ficar ao pé do teu pau. Sem olhar para relógios, adivinha a hora com base na posição da sombra em relação às pedrinhas. Depois confere num relógio. Quão perto acertaste? Em pouco tempo, não vais só ver o tempo, vais lê-lo na luz e na sombra.

O que Aprendeste

A posição do Sol muda porque a Terra gira. As sombras movem-se num arco previsível ao longo do dia. Podes dizer as horas usando a natureza, tal como antigos astrónomos faziam. O tempo não vive só dentro de máquinas, ele está escrito no céu, e agora tu sabes lê-lo.

Atividade do Relógio de Sol

Objetivo:
Construir um relógio de sol funcional, acompanhar a sombra do Sol e descobrir como as pessoas antigas sabiam as horas sem relógios nem apps!

Materiais:

- Um pau direito ou vareta (cerca de 30 cm).
- Um prato de papel ou cartão.
- Uma bússola (ou telemóvel com bússola).
- Um relógio ou telemóvel (para conferir as horas).
- Um dia de sol!
- Marcadores ou canetas.

Ilustração 57: Relógio de sol com prato de papel

Passo 1: Prepara o Teu Mostrador

Faz um furo no centro do prato de papel e enfia o pau. Ou prende o pau na vertical no meio de um cartão. Este pau é o gnómon, a parte do relógio de sol que faz a sombra.

Passo 2: Encontra o Norte Verdadeiro

Usa a bússola para rodar o prato até o pau apontar para norte. Isto é importante para a sombra ficar "certa" ao longo do dia.

Passo 3: Marca a Sombra

De hora a hora, leva o teu relógio de sol para o mesmo sítio e na mesma posição. Traça a sombra do pau no prato. Escreve a hora ao lado da linha da sombra.

Passo 4: Repete o Dia Todo

Tenta marcar as sombras de manhã até ao fim da tarde. Estás a desenhar um mapa de como a Terra gira debaixo do Sol.

Observa:

- Como é que o comprimento da sombra muda ao longo do dia?
- Em que direção a sombra se move?
- Há um momento em que a sombra é mais curta? Quando?

Mistérios Opcionais:

- Ao meio-dia solar, a sombra aponta diretamente para norte ou para sul?
- Faz um relógio de sol no inverno e outro no verão. Os caminhos das sombras mudam?
- Imagina que és um astrónomo antigo. Será que conseguias usar isto para fazer um calendário?

O que Estás a Aprender

- A rotação da Terra cria sombras que se movem como ponteiros de um relógio.
- Antes da "hora digital", as pessoas usavam sombras, estrelas e o Sol para acompanhar horas, dias e estações.
- Estás a aprender a ver o tempo à maneira antiga, com o céu como guia.

Atividade da Ampulheta

Nesta atividade, vais construir uma ampulheta funcional usando materiais simples. Este projeto prático ajuda a perceber como a ampulheta mede o tempo e como o fluxo de areia, a gravidade e a forma do recipiente afetam a contagem do tempo.

Materiais:

- 2 garrafas de plástico pequenas e iguais (por exemplo, garrafas de água).

- 1 pedaço de cartão rígido ou uma tampa com um furo.
- Areia fina (pode ser comprada ou feita a partir de sal ou açúcar bem seco e esmagado).
- Um prego ou alfinete (para fazer o furo).
- Fita adesiva ou pistola de cola quente (com ajuda de um adulto).
- Cronómetro ou relógio com segundos.
- Papel e lápis para registar resultados.
- Opcional: funil para despejar a areia.

Ilustração 58: Ampulheta

Passo 1: Prepara as Garrafas

Lava e seca bem as duas garrafas. Tira os rótulos para conseguires ver a areia. Com ajuda de um adulto, usa o prego ou alfinete para fazer um pequeno furo no centro de uma das tampas. Se usares cartão, corta um círculo pequeno para caber entre as garrafas e fura o centro.

Passo 2: Adiciona a Areia

Enche uma das garrafas até cerca de um terço com areia fina e seca. Usa o funil se quiseres. A areia precisa de estar bem seca para fluir de forma suave (sem grumos).

Passo 3: Monta a Ampulheta

Coloca a tampa furada (ou o disco de cartão) entre as duas garrafas, boca com boca. Prende bem com fita ou cola quente, de forma que a areia não fuja pelas laterais. Vira tudo ao contrário para testar o fluxo: Se a areia cai rápido demais, o furo está muito grande. Se quase não cai, o furo está pequeno demais ou entupido.

Passo 4: Calibra a Tua Ampulheta

Usa o cronómetro para ver quanto tempo demora a areia toda a passar de cima para baixo. Regista o valor. Esse é o "tempo" da tua ampulheta. Se quiseres uma ampulheta de 1 minuto, ajusta a quantidade de areia até demorar exatamente 60 segundos.

Observa e Reflete:

O que acontece se usares mais areia?

O que acontece se inclinares a ampulheta?

Como podias fazer um temporizador mais longo ou mais curto?

Escreve as tuas observações. Podes até decorar a tua ampulheta e dar-lhe um nome: "Timer de 3 minutos", "Areia da Ciência"...

Notas de Segurança

Pede sempre ajuda a um adulto com ferramentas afiadas ou cola quente.

Não deixes a cola quente sem vigilância.

Mantém a ampulheta em superfícies estáveis.

O que Aprendeste

Ampulhetas funcionam usando a gravidade e um fluxo constante de areia.

São fiáveis porque a areia, se bem escolhida, flui quase sempre à mesma velocidade.

Ao construir a tua, entras numa longa história de inventores curiosos que mediam o tempo com areia e engenho.

Atividade do Relógio de Vela

Muito antes dos relógios elétricos e digitais, as pessoas mediam o tempo com ferramentas simples. Uma das mais inteligentes e silenciosas era o relógio de vela uma forma de medir o tempo observando uma chama a derreter cera.

Este guia vai mostrar como usar uma vela para medir o tempo, tal como estudiosos, monges e viajantes faziam quando o mundo era iluminado pelo fogo.

O que Vais Precisar:

- Uma vela alta e direita (sem cheiro ou decoração, de preferência).
- Uma régua ou fita métrica.
- Um cronómetro ou relógio (para a calibração inicial).
- Um lápis ou marcador.
- Uma superfície plana e segura para a vela.

- Ajuda de um adulto (muito importante! Nunca deixes uma vela acesa sozinha. Nunca te inclines sobre a vela.)

Passo 1: Mede a Vela

Antes de acendê-la, mede a altura total da vela. Divide-a em partes iguais. Por exemplo, se tiver 12 cm, marca de 2 em 2 cm.

Desenha pequenas linhas na vela e, mais tarde, podes escrever os tempos ao lado (10 min, 20 min, etc.) assim que souberes quanto tempo ela demora a queimar cada secção.

Passo 2: Acende a Vela e Observa

Pede a um adulto para acender a vela. Inicia o cronómetro ao mesmo tempo em que a chama aparece. Observa à medida que a cera derrete até chegar à tua primeira marca. Regista o tempo que demorou. Repete para as marcas seguintes. Por exemplo, podes descobrir que cada secção de 2 cm demora 15 minutos a queimar.

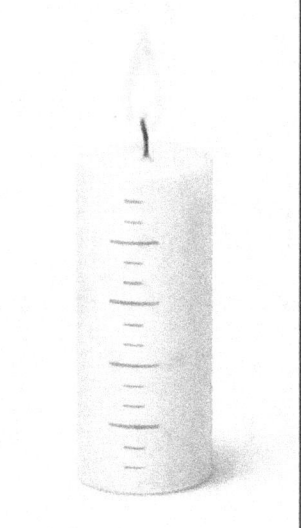

Ilustração 59: Atividade do relógio de vela

Passo 3: Usa a Vela como Relógio

Agora que sabes a velocidade de queima da vela, podes usá-la como relógio: Se cada secção vale 15 minutos, quatro secções são uma hora. À medida que a vela desce de marca em marca, sabes quanto tempo passou, apenas olhando para a cera.

Alguns relógios de vela antigos tinham pequenos pesos metálicos escondidos na cera. Quando a chama chegava até eles, caíam sobre um prato de metal fazendo um *ding*, era o alarme daquele tempo!

Segurança

- Tem sempre um adulto por perto quando usas fogo.\
- Mantém a vela longe de coisas que ardem: livros, cortinas, roupa, etc.
- Nunca deixes a vela acesa sozinha.
- Pede a um adulto para ajudar a apagá-la quando terminar.

O que Aprendeste

Uma vela queima a um ritmo quase constante, o que a torna útil para medir o tempo. É possível medir o tempo com ferramentas simples, ligadas à natureza e à tradição, e não só com ecrãs. O tempo passa sempre, mesmo enquanto uma chama tranquila dança no escuro.

Agora já fazes parte da longa linha de guardiões do tempo que contavam os minutos à luz das velas.

Atividade do Relógio de Água

Há muito tempo, antes de existirem relógios digitais, as pessoas usavam o movimento da água para medir o tempo. Esses dispositivos eram chamados relógios de água, ou clepsidras (do grego, "ladrão de água").

Um relógio de água não faz tique-taque nem toca alarmes. Marca o tempo através de gotas de água a cair, com observação cuidadosa e paciência. Agora vais construir um.

Materiais:

Ilustração 60: Atividade do Relógio de Água

- Dois copos ou recipientes de plástico (de preferência iguais).
- Um prego ou alfinete (para fazer um furo).
- Fita adesiva ou cola.
- Marcador ou caneta.
- Um copo medidor.
- Cronómetro ou temporizador (para testar).
- Água.
- Ajuda de um adulto (para furar e lidar com derrames).

Passo 1: Prepara o Relógio

Com ajuda de um adulto, faz um pequeno furo no fundo de um dos copos. O furo deve ser pequeno para a água pingar devagar, não correr. Coloca esse copo por cima do outro (que vai apanhar a água) e prende com fita, ou encaixa um dentro do outro, desde que fique estável. Deita água no copo de cima e começa o cronómetro.

Passo 2: Mede o Tempo com Água

À medida que a água pinga para o copo de baixo: Marca o nível da água no copo de baixo a cada minuto, com o marcador. Podes fazer 5, 10 ou mais marcas, dependendo de quanto tempo a água aguenta. Quando a água acabar no copo de cima, pára o cronómetro e regista o tempo total. Agora calibraste o teu relógio de água, deste-lhe o poder de medir o tempo!

Passo 3: Usa o Teu Relógio de Água

Como já sabes quanto tempo demora até cada marca: Enche de novo o copo de cima. Acompanha a subida da água no copo de baixo. Cada linha é um "marcador de tempo", como os números num mostrador.

Queres medir 10 minutos? Vê quando a água chega ao nível que marcaste ao minuto 10. Queres cozer um ovo durante 3 minutos? Usa a terceira linha em vez de um temporizador digital!

Segurança e Arrumação

Coloca sempre o relógio de água sobre um tabuleiro ou toalha, para apanhar salpicos. Mantém eletrónicos e livros longe da água. No fim, esvazia e seca os copos e lava as mãos.

O que Aprendeste

A água flui a um ritmo mais ou menos constante, como o tique-taque de um relógio. Medindo esse fluxo, podes acompanhar o tempo de forma natural. Povos do Egito, Babilónia, China e Grécia já usavam relógios de água para organizar a vida e cerimónias. Agora tu também és um desses "observadores", que seguem o ritmo do mundo em vez do bip digital.

Explora a Tua Perceção do Tempo

Podes fazer uma experiência simples para ver como o teu cérebro sente o tempo de maneiras diferentes, dependendo do que estás a fazer!

Materiais:
- Um relógio com ponteiro dos segundos, um temporizador ou cronómetro.
- Um caderno e lápis.

Passo 1: Sentado em Silêncio

Encontra um lugar calmo onde possas ficar sem distrações.

Começa o cronómetro ou olha para o ponteiro dos segundos.

Sem contar nem olhar outra vez para o relógio, fica quieto e tenta adivinhar quando passou um minuto.

Quando achares que já passou, pára o cronómetro ou confere o relógio.

Escreve quão perto estiveste do tempo real.

Passo 2: A Fazer Algo Divertido

Escolhe uma atividade de que gostes: desenhar, jogar um jogo curto, ouvir uma música favorita, etc.

Volta a iniciar o cronómetro e faz a atividade sem olhar para o relógio.

Quando achares que um minuto já passou, pára e confere.

Regista novamente o resultado.

Passo 3: Compara os Resultados

Foi mais fácil adivinhar um minuto quando estavas aborrecido ou quando te estavas a divertir?

O minuto pareceu mais longo ou mais curto, dependendo da atividade?

O que Esta Atividade Ensina

O teu cérebro mede o tempo de forma diferente consoante a tua atenção e emoções.

Quando estás aborrecido, o tempo parece arrastar-se, e um minuto pode parecer uma eternidade.

Quando estás ocupado e a divertir-te, um minuto pode parecer voar.

Mesmo que o relógio ande certinho, a tua perceção do tempo pode esticar ou encolher, tal como os cientistas descobrem em experiências.

Atividades Criativas

Desenhar o Tempo

O que Fazer:

Pergunta: *Como seria o tempo se o pudesses ver?*

Desenha: um rio, uma espiral, um relógio, uma galáxia — o que quer que te faça pensar em tempo.

Inventar um Novo Relógio

O que Fazer: Cria o teu próprio medidor de tempo usando ritmos naturais: pestanejar, gotas de água, areia a cair, passos, batimentos do coração...

Cápsula do Tempo

O que Fazer: Junta pequenos objetos ou bilhetes e guarda-os numa caixa. Escolhe uma data no futuro para a abrir. Estarás a enviar uma mensagem no tempo... para ti mesmo ou para outra pessoa.

Dia Simulado

O que Fazer: Tenta seguir um dia inteiro sem usar relógios. Em vez disso, adivinha as horas pelo Sol, pelas sombras, pela fome, pelo sono, pelos sons à tua volta. Vais descobrir que, mesmo sem ecrãs ou ponteiros, o tempo está sempre lá — a sussurrar nas sombras, na luz, nas batidas do teu próprio coração.

Apêndice

Medidas de Tempo

Unidade de medida	Abrev.	Definição(ões)	Uso
nanosegundo	ns	$1 \text{ ns} = 10^{-9}$ s 1 milhão de ns = 1 s	O nanosegundo é frequentemente usado como intervalo de tempo para medir eventos atómicos.

Medidas de Tempo

Unidade de medida	Abrev.	Definição(ões)	Uso
milissegundo	ms	1 ms = 10^{-3} s 1000 ms = 1 s	O milissegundo é usado para medir eventos de duração muito curta, como ciclos de instrução num computador.
segundo	s	1000 ms = 1 s 60 s = 1 min	O segundo é a unidade-padrão para todas as medições de tempo.
minuto	m, min	60 s = 1 min 60 min = 1 hora	O minuto é muitas vezes usado para medir acontecimentos pessoais de curta duração, como "Chego aí em cinco minutos."
hora	h, hr	60 min = 1 hr 3600 s = 1 hr 24 hr = 1 dia	A hora tem duas definições que não são exatamente iguais. 1 hora é igual a 3600 segundos e 24 horas é igual a um dia. No entanto, por causa de pequenas variações na rotação da Terra, a duração de um dia nem sempre é exatamente a mesma. Qual definição é usada depende se o segundo ou o dia é a unidade básica de medida.

Apêndice

Medidas de Tempo

Unidade de medida	Abrev.	Definição(ões)	Uso
quarto de hora	nenhuma	1 quarto de hora = 15 minutos 4 quartos de hora = 1 hora	Um quarto de hora é geralmente usado para aproximar uma hora do dia, como em "Falta um quarto para as quatro", significando que são quinze minutos antes das 4, ou 3:45.
meia hora	nenhuma	1 meia hora = 30 minutos 2 meias horas = 1 hora	Meia hora é geralmente usada para aproximar uma hora do dia, como em "São sete e meia", significando que passaram 30 minutos depois das sete, ou 7:30
dia	dy	1 dia = 24 hr 7 dias = 1 semana	1 dia é o tempo que a Terra leva para rodar uma vez em torno do seu eixo. Como a rotação da Terra varia ligeiramente, isto não corresponde a um tempo exato em segundos.
semana	wk	1 semana = 7 dias 4,3 semanas ≈ 1 mês 52 semanas ≈ 1 ano	Uma semana são sete dias. A semana tem origem na cultura judaica, como descrito no livro do Génesis na Bíblia. Hoje, a semana é universalmente reconhecida como tendo sete dias.
quinzena	nenhuma	2 semanas = 1 quinzena	Uma quinzena é uma antiga medida de tempo igual a duas semanas. Atualmente é pouco usada.

Medidas de Tempo

Unidade de medida	Abrev.	Definição(ões)	Uso
mês	mn	1 mês = 28, 29, 30 ou 31 dias 12 meses = 1 ano	Os meses são criações humanas feitas para dividir o tempo em unidades manejáveis entre o dia e o ano. Atualmente, a maioria das pessoas usa o calendário gregoriano, que define a duração dos meses assim: janeiro 31, fevereiro 28 ou 29, março 31, abril 30, maio 31, junho 30, julho 31, agosto 31, setembro 30, outubro 31, novembro 30 e dezembro 31.
ano	yr	1 ano ≈ 365 ¼ dias 1 ano = 12 meses 10 anos = 1 década 100 anos = 1 século 1 ano = 12 meses	Um ano é o tempo que a Terra leva para dar uma volta completa em torno do Sol. Como isso varia ligeiramente por causa da atração gravitacional de outros planetas, 1 ano não pode ser expresso exatamente em segundos. Como parte do Tempo Universal Coordenado, os cientistas acrescentam e retiram segundos de vários dias num ano para manter os relógios sincronizados com a órbita real da Terra.

Medidas de Tempo

Unidade de medida	Abrev.	Definição(ões)	Uso
década	nenhuma	10 anos = 1 década 10 décadas = 1 século	Uma década pode significar qualquer período de 10 anos, mas o termo é muitas vezes usado para indicar um período de 10 anos começando em 1 de janeiro de um ano cujo número termina em zero, como 2010.
século	nenhuma	100 anos = 1 século 10 séculos = 1 milénio	Um século pode significar qualquer período de 100 anos, mas o termo é muitas vezes usado para indicar um período de 100 anos começando em 1 de janeiro de um ano cujo número termina em dois zeros, como 2000.
milénio	nenhuma	1000 anos = 1 milénio 10 séculos = 1 milénio	Um milénio pode significar qualquer período de 1000 anos, mas o termo é muitas vezes usado para indicar um período de 1000 anos começando em 1 de janeiro de um ano cujo número termina em três zeros, como 2000.

Frases Sobre o Tempo

- *"Um ponto no tempo poupa nove."* (provérbio popular, Inglaterra, séc. XVIII)
- "Deitar cedo e cedo erguer, dá saúde, riqueza e saber." — Benjamin Franklin, *Poor Richard's Almanack* (1748).
- "Tempo é dinheiro." — Benjamin Franklin.
- "O tempo cura todas as feridas." — Terêncio, poeta romano, ca. 180 a.C.
- "O tempo e a maré não esperam por ninguém." — provérbio popular, 1225 d.C. ou antes.
- "Melhor três horas cedo demais do que um minuto tarde demais." — William Shakespeare, *As Alegres Comadres de Windsor* (c. 1597).
- "O tempo é o mais sábio de todos os conselheiros." — Péricles, estadista grego (c. 495–429 a.C.).
- "A má notícia é que o tempo voa. A boa notícia é que tu és o piloto." — Michael Altshuler, palestrante motivacional americano.
- "Dizem sempre que o tempo muda tudo, mas na verdade és tu que tens de mudar as coisas." — Andy Warhol, *The Philosophy of Andy Warhol* (1975).
- "O tempo perdido nunca mais é encontrado." — Benjamin Franklin, *Poor Richard's Almanack* (1748).
- "O tempo passa por cima de nós, mas deixa a sua sombra para trás." — Nathaniel Hawthorne.
- "Devemos usar o tempo de forma criativa, com a consciência de que o tempo está sempre maduro para fazer o que é certo." — Martin Luther King Jr., *Carta da Prisão de Birmingham* (1963).
- "O tempo, o devorador de todas as coisas." — Ovídio, *Metamorfoses* (c. 8 d.C.).
- "O tempo é a maior distância entre dois lugares." — Tennessee Williams, *The Glass Menagerie* (1944).
- "O tempo que tu desfrutas a desperdiçar não é tempo desperdiçado." — Marthe Troly-Curtin, *Phrynette Married* (1912).
- "Os dois guerreiros mais poderosos são a paciência e o tempo." — Leon Tolstói, *Guerra e Paz* (1869).

- "O tempo é aquilo que mais queremos, mas que pior usamos." — William Penn, *Some Fruits of Solitude* (1682).
- "O tempo é a coisa mais valiosa que um homem pode gastar." — Teofrasto, filósofo grego (c. 371–287 a.C.).
- "O tempo é uma ilusão." — frase vulgarmente atribuída a Albert Einstein.
- "O tempo leva tudo, queiras tu ou não." — Stephen King.
- "O futuro é algo a que todos chegam à velocidade de sessenta minutos por hora, seja o que fizerem, seja quem forem." — C.S. Lewis, *Cartas do Diabo ao Seu Aprendiz* (*The Screwtape Letters*, 1942).
- "O tempo é a escola onde aprendemos, o tempo é o fogo em que ardemos." — Delmore Schwartz, *Calmly We Walk Through This April's Day* (1938).
- "Nunca há tempo suficiente para fazer todo o nada que tu queres." — Bill Watterson, *Calvin e Hobbes*.

Adivinhas Sobre o Tempo

- O que anda sobre quatro pernas de manhã, duas pernas ao meio-dia e três pernas à noite?

  Resposta: O ser humano. (A adivinha da Esfinge.)

- Sempre para a frente, nunca para trás. Sempre presente, nunca em falta. Usa-me para o bem ou para o mal. Quando eu acabar, acabo afinal. O que sou?

  Resposta: O tempo.

- Esta coisa tudo devora: aves, feras, árvores, flora; rói ferro, trinca aço, mói pedra dura em farelo escasso; mata reis, arrasa o chão, e abate o mais alto montão.[1]

  Resposta: O tempo.

- Pergunto-te uma vez, tu dizes "três". Pergunto de novo, já são "três e meia" talvez. Sempre que pergunto, dizes toda a verdade, mas a hora mudou... como é que isto é verdade?

  Resposta: A hora muda ao longo do dia.

---

1 J. R. R. Tolkien. *The Hobbit.*

- Nunca fui, sempre serei. Ninguém me viu, ninguém me vê. E, no entanto, sou a confiança de todos os vivos desta imensa dança. O que sou?

  Resposta: Amanhã.

- Apareço uma vez em "minuto", nenhuma vez em "hora" ou "segundo", e duas vezes em "momento". O que sou?

  Resposta: A letra M.

- Não tenho voz, e mesmo assim falo contigo. Conto tudo o que vi no meu caminho. Não tenho boca, mas ainda assim canto. O que sou?

  Resposta: O tempo.

- Para a frente eu corro, sem olhar para trás, sempre a avançar, nunca descanso mais. O que sou?

  Resposta: O tempo.

- Posso ser longo ou posso ser curto; posso ser "comprado", mas nunca vendido; posso ser desperdiçado ou muito querido. O que sou?

  Resposta: O tempo.

- Tão velho quanto a criação, rápido como um ai, medido em breves instantes, e mesmo assim não se vai. O que sou?

  Resposta: O tempo.

Piadas Sobre o Tempo

- **P:** Que horas são quando um elefante se senta em cima do teu relógio?

  R: É hora de arranjar um relógio novo.

- **P:** Que horas são quando um elefante te chama "mamã"?

  R: Hora de ir ao psiquiatra.

- **P:** Quão tarde é quando um elefante se senta no teu colo?

  R: Já é tarde demais.

- **P:** Que horas são quando um elefante morre?

  R: Hora de arranjar outro elefante.

- **P:** Quantos elefantes são precisos para dar corda a um relógio?

  R: Nenhum! Elefantes não conseguem dar corda a relógios, não têm polegares opositores, seu tonto.

- **P:** Que horas são quando o relógio bate 13 badaladas?
  R: É hora de arranjar um relógio novo!
- **P:** O que é que um ponteiro dos segundos disse ao outro?
  R: "Calma, nós acabamos por dar a volta."
- **P:** Porque é que os calendários nunca se cansam?
  R: Porque vivem um dia de cada vez.
- **P:** Porque é que o relógio era tão envergonhado?
  R: Porque andava sempre com as mãos à frente da cara!
- Tentei fazer um cinto com relógios velhos. Foi uma perda de tempo.
- **P:** João era só metade de um elefante (a metade da frente). Ele tinha dificuldade em acompanhar os irmãos Jared, Jannie e Jehoshaphat. Um dia, enquanto brincavam no topo de uma colina, começou a nevar. João sabia que era a grande oportunidade. Esperou até os irmãos começarem a descer a colina. Depois, João escorregou na neve e passou à frente de todos. Que horas eram?
  R: Três e meia.
- Um elefante perguntou a alguém que horas eram, e a pessoa respondeu que eram 4:45. O elefante, com um ar confuso, disse: "Sabes, é a coisa mais estranha, estive a fazer essa pergunta o dia inteiro... e cada vez recebo uma resposta diferente."
- 1.º Soldado romano: "Que horas são?" 2.º Soldado romano: "XX passadas de VII."
- Uma pessoa com um relógio sabe que horas são. Uma pessoa com dois relógios nunca tem a certeza.
- Um homem estava a passear por um bairro quando, de repente, se lembrou de uma reunião importante. Infelizmente, o relógio tinha parado e ele não sabia se estava atrasado. Viu então uma pessoa a trabalhar num canteiro de flores.

Gritou para o jardineiro: Desculpe, sabe dizer-me as horas?

O jardineiro respondeu: Um momento!

E atirou-se ao chão, tirando um pequeno pau do bolso. Espetou o pau na terra e, usando um nível de bolha, certificou-se de que o pau estava vertical. Depois, com uma bússola, encontrou o norte e, com uma régua de aço, mediu o comprimento exato da sombra do pau.

Tirou então uma régua de cálculo do bolso, fez umas contas rápidas, arrumou todas as ferramentas e disse ao homem: São precisamente 15h29, desde que hoje seja 16 de agosto, que é o que eu acho que é.

O homem ficou impressionado com a demonstração e acertou o relógio pela hora indicada. Antes de ir embora, perguntou ao jardineiro: Isso foi realmente espantoso, mas diga-me, o que é que faz num dia nublado ou à noite, quando o pau não faz sombra nenhuma?

O jardineiro ergueu o pulso e respondeu: Nesse caso, suponho que olhava simplesmente para o meu relógio.

Glossário

AEC (Antes da Era Comum) – antes da era atual, antes de 1 d.C.
afetar – produzir uma mudança ou causar um efeito.
ajuste – mudar alguma coisa para que fique mais perto do que se deseja.
ampulheta – aparelho com areia que cai por um buraquinho, usado para medir o tempo.
ano – tempo que a Terra demora a dar uma volta completa à volta do Sol.
ano civil (ano de calendário) – um ano completo formado por doze meses.
aproximado – perto do valor certo, mas não exatamente certo.
astrónomo – cientista que estuda estrelas, planetas e galáxias.
atómico – que tem a ver com átomos.
átomo – um pedacinho minúsculo de matéria com um núcleo que contém protões e neutrões, rodeado por uma nuvem de um ou mais eletrões.
badalada – o som de toque de um sino ou de um relógio.
buraco de minhoca (wormhole) – teoria sobre um túnel através do espaço ou do tempo.
buraco negro – objeto tão pesado que nem a luz consegue escapar dele.
bússola – aparelho que usa o campo magnético da Terra para mostrar a direção.
calendário – quadro ou tabela que mostra dias, meses e anos.
calendário gregoriano – o calendário que usamos hoje em dia.
calendário juliano – calendário antigo criado por Júlio César.
calendário lunar – calendário baseado nas fases da Lua.
calibrar – ajustar algo com muita precisão.
causa – algo que faz outra coisa acontecer.
causa e efeito – quando uma coisa faz com que outra aconteça.

cerebelo – parte do cérebro que ajuda a mexer o corpo e a manter o equilíbrio.
césio-133 – um tipo especial de césio usado em relógios atómicos.
cíclico – que acontece de novo e de novo no mesmo padrão; que acontece em ciclos.
ciclo – sequência de eventos que recomeça e se repete.
ciclo solar – mudanças causadas pela órbita da Terra à volta do Sol.
clepsidra – relógio que usa água para marcar o tempo.
colapsar – desmoronar, cair para dentro de si mesmo.
complexo – não simples; com muitas partes ligadas.
condição – algo que precisa existir ou acontecer para que outra coisa exista ou aconteça.
congelado – parado, sem se mexer.
consequência – aquilo que acontece por causa de outra coisa.
constante – que permanece igual, sem mudar.
contínuo – que segue em frente sem parar.
continuum – algo que continua de forma suave, sem saltos nem quebras.
corda cósmica – fio longo, finíssimo e poderosíssimo que pode ter sobrado do início do universo (ainda é só teoria).
córtex pré-frontal – parte da frente do cérebro que ajuda na memória e na tomada de decisões.
cósmico – que tem a ver com o universo.
cristal – átomos organizados num padrão regular e repetido.
cronostase – quando o ponteiro dos segundos de um relógio parece ficar parado por um instante.
década – um período de dez anos.
decaír – partir-se ou desfazer-se em pedaços menores; cair em ruína.
definir – dizer o significado de algo.
densidade – quanto de matéria está apertada dentro de um espaço.
denso – cheio de matéria dentro de um certo espaço.
depender – algo tem de acontecer para que outra coisa possa acontecer.
descobrir – ficar a saber algo pela primeira vez.
descontínuo – que tem quebras ou intervalos.
detetar – descobrir que algo existe.
dia – o tempo que o Sol leva para voltar à mesma posição no céu.
dia bissexto – dia extra acrescentado para manter o calendário alinhado com a órbita da Terra.
dia sideral – o tempo que a Terra leva para dar uma volta completa (360°) em relação às estrelas distantes.
dia solar – tempo entre um nascer do Sol e o seguinte.

dia solar médio – duração média dos dias ao longo de um ano.
dilatação – esticar algo, tornando-o mais comprido.
dilatação do tempo – tempo a passar mais devagar em certas condições, como grandes velocidades ou gravidade forte.
dimensão – uma direção possível. O espaço tem três; o tempo é mais uma dimensão.
direção – o caminho que algo segue: cima/baixo, frente/trás, esquerda/direita, futuro/passado.
discreto – feito de partes separadas, com espaço entre elas.
distorcer (prensar / "warpar") – torcer ou dobrar algo, fora da forma normal.
efeito – o que acontece por causa de uma causa.
efeito de "oddball" – quando o tempo parece abrandar porque algo te surpreende.
eixo – uma linha imaginária que atravessa um objeto.
emaranhamento (quântico) – quando partículas ficam ligadas de tal forma que continuam conectadas mesmo estando muito afastadas.
engrenagem – roda com dentes que trabalha com outras engrenagens para fazer coisas mexerem.
entropia – a tendência gradual das coisas ficarem mais desorganizadas e em desordem.
equilíbrio – o quão uniforme ou justo algo é.
equinócio – dia em que a duração do dia e da noite é quase a mesma.
equinócio da primavera – dia da primavera em que o dia e a noite são quase iguais.
equinócio de outono – dia de setembro em que o dia e a noite estão quase iguais.
escala – quão grande ou quão pequeno algo é.
escape (escape de relógio / âncora) – a peça de um relógio que controla o movimento das engrenagens.
esmagar – apertar muito até ficar pequeno ou amassado.
espaço – o "volume" tridimensional onde tudo existe.
espaço-tempo – espaço e tempo juntos numa única grande ideia.
estação do ano – inverno, primavera, verão ou outono.
esticar – tornar algo mais comprido.
estrutura (tecido) – estrutura de base que sustenta algo.
evento – algo que acontece.
eventualmente – que acontece em algum momento no futuro.
existência – estado de ser real ou estar vivo.
experiência (científica) – algo feito com cuidado para testar uma ideia científica.

física – estudo do espaço, do tempo, da matéria e da energia.
física quântica – estudo das partes mais pequenas e estranhas do universo.
flexível – que pode ser dobrado ou movido sem se partir.
fluir – mover-se de forma suave e contínua.
força – algo que empurra ou puxa um objeto.
futuro – aquilo que ainda não aconteceu.
galáxia – conjunto de estrelas que giram em volta de um mesmo centro.
gnómon – a parte do relógio de sol que faz a sombra.
GPS – ver Sistema de Posicionamento Global.
gravidade – força de atração entre objetos que têm massa.
hemisfério – metade de uma esfera.
hipótese – ideia que foi sugerida, mas ainda não foi provada.
Hipótese da Simulação – ideia de que o nosso mundo inteiro pode ser uma simulação de computador.
hipotético – algo imaginado, mas ainda não provado.
hora – 60 minutos; 1/24 de um dia inteiro.
hora do dia – quanto tempo já passou desde a meia-noite.
incerto – não garantido; não se sabe ao certo.
inclinado – deitado para um lado; não totalmente direito.
infinito – sem começo nem fim.
inflação cósmica – teoria de que o universo cresceu super rápido logo depois do Big Bang.
influenciar – ter capacidade de causar algo.
interpretação – maneira de alguém explicar ou entender algo.
intervalo – quantidade fixa de tempo.
inverno – estação mais fria do ano.
lei – regra da natureza que não muda.
linha do tempo – lista de eventos em ordem.
localização – o lugar onde algo está.
lua nova – fase da Lua em que a parte virada para nós não está iluminada pelo Sol.
luz estroboscópica – luz que pisca ligando e desligando rapidamente.
marcador de tempo – qualquer coisa usada para medir o tempo.
massa – quantidade de matéria que algo tem.
mecânica quântica – regras de como as coisas minúsculas se comportam.
média – valor médio de vários valores.
medir – descobrir quão grande ou longo algo é.
mês – unidade de tempo com 28 a 31 dias.
mês lunar – tempo que vai de uma lua nova até à lua nova seguinte.

microscópico – pequeno demais para ser visto só com os olhos.
minuto – 60 segundos; 1/60 de uma hora.
Morte Térmica – possível fim do universo, quando as estrelas se apagam e já não há energia útil.
muão – partícula minúscula parecida com o eletrão, mas mais pesada.
multiverso – ideia de que existem muitos universos ao mesmo tempo.
mundo quântico – o mundo minúsculo e estranho das partículas e das ondas.
nada – nem sequer uma única coisa; ausência total de coisas.
navegar – orientar-se e seguir um caminho.
níveis de energia nos átomos – distâncias fixas dos eletrões ao núcleo. Um nível de energia mais alto fica mais longe do núcleo.
norte verdadeiro – direção que aponta diretamente para o Polo Norte da Terra.
núcleo – centro de um átomo, onde ficam protões e neutrões.
núcleos da base (gânglios da base) – grupos de células do cérebro que ajudam a ligar diferentes partes do cérebro.
número imaginário – número usado em matemática, como a raiz quadrada de -1 (por exemplo, i).
observação – ato de ver ou notar algo com atenção; um exemplo de observação.
observar – ver ou notar algo com atenção.
ocorrer – acontecer.
omnidirecional – que se move ou se espalha em todas as direções.
órbita – andar à volta de um objeto em círculo ou elipse; o caminho que um objeto faz em torno de outro.
ordem – a maneira como as coisas são organizadas ou acontecem uma depois da outra.
outono – estação do ano em que começa a arrefecer.
padrão – forma normal ou aceite de fazer algo.
padrão científico – medida que toda a gente aceita.
paradoxo – enigma em que duas coisas parecem verdade ao mesmo tempo, mas não podem ser verdade juntas.
paradoxo de viagem no tempo – enigma sobre o que acontece quando se muda o passado.
Paradoxo do Avô – enigma sobre viagens no tempo e mudar o passado.
partícula – pedacinho pequeno de matéria.
partícula quântica – as menores porções de matéria ou energia.
passado – tudo aquilo que já aconteceu.
pêndulo – peso que balança para a frente e para trás.
perceber – notar algo usando os sentidos.

perceção – a forma como o teu cérebro entende o que vês, ouves ou sentes.
perfeito – exato, sem erro.
peso – quanto a gravidade puxa um objeto.
Polaris – a Estrela Polar, a estrela do norte.
polo norte – ponto mais ao norte do eixo da Terra.
posição – o lugar onde algo está.
possível – que pode acontecer.
precisão – quão perto algo está de estar exatamente certo.
preciso – exatamente certo, sem erros.
presente – o momento que está a acontecer agora.
prever – dizer o que vai acontecer com base no que já se sabe.
previsível – quando é possível adivinhar o que vai acontecer.
primavera – estação em que começa a ficar mais quente.
Princípio da Incerteza de Heisenberg – na física quântica, não conseguimos saber exatamente ao mesmo tempo a posição e a velocidade de uma partícula.
prova – evidência forte de que algo existe ou é verdade.
quântico – que tem a ver com as menores porções de matéria e energia.
quartzo – cristal que vibra quando passa corrente elétrica por ele.
rádio – aparelho que envia ou recebe sinais de som.
raio – algo que sai de um ponto e segue numa direção.
raio cósmico – minúsculo pedaço de energia muito rápida que vem do espaço.
regra – algo que é sempre verdade, ou que deve ser seguido.
relatividade – a forma como o espaço e o tempo trabalham juntos, especialmente quando algo se move depressa ou está perto de grandes massas.
relativo – que muda dependendo da situação.
relógio – aparelho que marca a passagem do tempo.
relógio atómico – um relógio super preciso que mede o tempo usando átomos de césio-133.
relógio de água – relógio que marca o tempo com água a pingar ou a fluir.
relógio de incenso – relógio que usa paus ou espirais de incenso a arder para marcar o tempo.
relógio de pêndulo – relógio que usa um pêndulo a balançar para marcar o tempo.
relógio de quartzo – relógio que marca o tempo usando vibrações de cristais de quartzo.
relógio de sol – instrumento que marca a hora usando a sombra do Sol.

relógio de vela – vela marcada para mostrar quanto tempo passou enquanto arde.
relógio mecânico – relógio movido por engrenagens, molas ou pesos.
reversível – que pode voltar a ser como era antes.
reverter – ir para trás; desfazer a direção normal.
rígido – duro e pouco flexível.
ritmo – padrão que se repete.
rotação – movimento de girar à volta de um centro.
satélite – máquina que orbita a Terra ou outro planeta.
Segunda Lei da Termodinâmica – tudo tende a ficar mais desorganizado.
segundo – um sessenta avos de um minuto.
segundo intercalar (leap second) – segundo extra acrescentado para manter os relógios sincronizados com a rotação da Terra.
semana – sete dias seguidos.
seta do tempo – a ideia de que o tempo só anda para a frente, nunca para trás.
sexagesimal – sistema de numeração com base 60.
simétrico – que parece igual dos dois lados.
simulação – modelo ou cópia de algo real.
sincronizar – fazer duas ou mais coisas acontecerem ao mesmo tempo.
sistema de numeração decimal – sistema de números com base 10.
Sistema de Posicionamento Global (GPS) – conjunto de satélites que ajuda a saber onde estamos.
solar – que tem a ver com o Sol.
solstício – dia mais longo ou mais curto do ano.
solstício de inverno – dia mais curto do ano.
solstício de verão – dia mais longo do ano.
taxa – quão rápido ou quão devagar algo acontece.
telescópio – aparelho que faz objetos distantes parecerem mais perto.
tempo – fluxo que vai do passado, passa pelo presente e segue para o futuro.
Tempo Atómico Internacional (TAI) – escala de tempo que usa o resultado combinado de cerca de 400 relógios atómicos super precisos.
tempo cíclico – ideia de que o tempo dá voltas e se repete.
Tempo dos Gémeos – experiência mental que imagina um dos gémeos a viajar num foguetão muito rápido.
tempo imaginário – tempo descrito usando números imaginários para explicar certos eventos.
tempo linear – tempo que anda em linha reta do passado para o futuro.

tempo quântico – tempo a comportar-se de maneiras esquisitas em escalas super minúsculas.
Tempo Universal – tempo baseado na rotação da Terra, usado em todo o mundo.
teoria – explicação que foi muito testada e é amplamente aceite.
Teoria B do tempo – a ideia de que passado, presente e futuro existem todos ao mesmo tempo, e o tempo é só a maneira como nós o vivemos.
Teoria do Big Bang – a ideia de que o universo começou como uma bolinha minúscula, quente e super densa.
Teoria do Grande Colapso (Big Crunch) – teoria de que o universo pode, um dia, encolher e colapsar sobre si mesmo.
Teoria do Grande Ricochete (Big Bounce) – a ideia de que o universo pode colapsar e começar tudo de novo.
Teoria do Tempo em Bloco – a ideia de que todos os momentos, passados e futuros, existem ao mesmo tempo, sem mudar.
Teoria Especial da Relatividade – teoria de Einstein sobre como o tempo e o espaço se comportam quando as coisas se movem depressa.
Teoria Geral da Relatividade – ideia de Einstein sobre como a gravidade e o tempo estão ligados.
termodinâmica – área da física que trata do calor e dos movimentos da energia.
tradição – algo que é passado de geração em geração.
triangulação – processo de usar outros objetos conhecidos para descobrir a própria posição.
unidade – um exemplar de algo; um "um" de qualquer coisa.
unidirecional – que se move apenas numa direção.
universal – que se aplica a tudo e a todos.
universo – tudo o que existe.
verão – estação mais quente do ano.
viagem no tempo – ir ao passado ou ao futuro.
vibração – ato de se mexer para a frente e para trás.
vibrar – mexer-se para a frente e para trás rapidamente.

www.ingramcontent.com/pod-product-compliance
Lightning Source LLC
Chambersburg PA
CBHW050038080526
44586CB00014B/1365